The interpersonal
problems workbook

人际关系
心理学

——学会相处之道

【美】
马修·麦克凯（Matthew Mckay）
帕特里克·范宁（Patrick Fanning）　／著
艾维加尔·里维（Avigail Levy）
米歇尔·斯基恩（Michelle Skeen）

陈幼堂　陈书瑶／译

重庆大学出版社

献给我的女儿贝嘉（Bekah）——你是美丽和灿烂之光。

——马修·麦克凯

献给我的妻子南希·凯瑟琳（Nanly Kesselring）。

——帕特里克·范宁

献给我的母亲艾格妮丝（Agnes）和父亲山姆（Sam）

——你们总是给我不懈的支持。

——艾维加尔·里维

献给埃里克（Eric）、杰克（Jake）、凯利（Kelly）

——你们给我挚爱、支持和欢笑。

——米歇尔·斯基恩

· 名人推荐 ·

"对任何饱受人际关系问题困扰的人来说，《人际关系心理学》都是一本极好的书。它简洁明了，研究透彻，悲天悯人。这本书能给予你亲切和有效的指导，让你成为你渴望成为的那种人，创造你渴望拥有的人际关系。"

——肖恩·T. 史密斯 (Shawn T. Smith)，心理学博士，《大脑在作怪：为什么我们会难过、焦虑、神经质》(*The User's Guide to Human Mind*) 的作者

"我们与他人建立的人际关系让我们的生活丰富多彩和意趣横生，然而，令人遗憾的是，它也是一个使我们痛苦不堪的根源。这本指导手册以科学为依据，易于学习，教你如何一步一步地破解长久以来形成的不良的人际关系模式，从而重建生机勃勃的和令人身心愉悦的人际关系。你可以把这本书当作一份操作指南，使你糟糕的人际关系妙手回春。我向你推荐这本由麦克凯及其同事所著的最新力作。它不仅可以当作一本自助指南，而且对那些处理人际关系问题的心理健康专家来说，它可以当作麦克凯及其同事所著的相关书籍的一本实用的辅助书。"

——罗伯特·泽特尔（Robert Zettle）《接纳承诺疗法治疗抑郁症的基本流程》（*ACT for Depression*）的作者

"《人际关系心理学》证实了情感上的痛苦与我们所有人一生中都经历过的人际关系困难有关。它提供的工作表和练习有助于读者洞悉痛苦的来源，掌握人际技巧，以改变此类不健康的人际关系模式，从而起到减缓情绪痛苦这样的效果。这是一本很棒的书，有助于人们破解无效的人际关系模式，并为临床医生提供亟需的和具体的手段来帮助当事人处理此类问题。"

——谢瑞·范岱克（Sheri Van Dijk），社会工作硕士（MSW），注册社会工作者（RSW）心理治疗师，同时也是《做情绪的主人》（*Don't Let Your Emotions Run Your Life for Teens*）《安抚情绪风暴》（*Calming the Emotional Storm*）、《简明辩证行为治疗》（*DBT Made Simple*）等多部专著的作者

"对于个体或那些处理当事人不良人际关系模式的治疗师来说，《人际关系心理学》是一本非常优秀的著作。它运用了一种奠基在接纳承诺疗法的核心原则之上的治疗方案。当事人不仅可以探索他们自己的人际关系图式，而且可以明了自己的核心价值观，从而懂得如何去用心生活。我极力向那些在痛苦的人际关系问题中挣扎的人推荐这本书。对于心理健康专业人士或任何想要改善自己人际关系的人来说，这本书都具有极其实用的价值。"

——瑞切尔·卡萨达·洛曼（Raychelle Cassada Lohmann），心理学硕士（MS），注册职业咨询师（LPC），职业咨询师，《是

谁惹怒了你》（*The Anger Workbook for Teens*）、《保持冷静》（*Staying Cool*）、《当你怒不可遏时》（*When You're Steaming Mad*）的作者，《青少年预防欺侮手册》（*The Bullying Workbook for Teens*）的合著者

"这本书别具匠心，理论翔实，通过一系列练习来循序渐进地对个体进行指导，使他们得以识别和悉心处理那些妨碍他们建立幸福和健康的人际关系的图式。即便是那些不太熟稔接纳承诺疗法的读者，也可以从这本实用的书中获益匪浅。任何用来处理糟糕的人际关系所带来的痛苦的方法，都可以在这本极具价值的指导手册中找到。"

——斯坦·塔特金（Stan Tatkin），心理学博士，临床医师、研究者、教师；夫妻治疗的心理生物学进路（PACT）的研发者，美术硕士（MFT）

"如果你为只考虑自己的问题并向家人、挚爱的人、朋友、同事、合作伙伴唠叨它们而感到厌烦，那么这本书对你来说是最适合不过了。它教给你大量有用的新技巧，不仅能切实地帮助你解决人际关系问题，而且能让你在生活的许多其他领域获益匪浅。这本书用朴实无华和通俗易懂的语言，解释了关于你自己和你与这个世界之间关系的特定思维模式和信念是如何让你一直不开心，并使你陷入在以往明显行不通的行为模式的泥沼中。这本书接着提供了各式各样的非常有用的练习，便于你将它们付诸实践。此类练习虽然浅显易懂，但是它们并非流于肤浅。它们经过千锤百炼，其有效性获得了大量研究的支持。如果你的确想摆脱人际关系中的痛苦（以及你对这种痛苦的种

种念头），并且愿意采取措施去做真正重要的事，那么这本书特别适合你。它不仅不会让你吃亏，而且会让你获益颇多！"

——乔治·艾弗特（Georg Eifert），哲学博士，查普曼大学心理学荣休教授，《焦虑症的正念与接纳治疗手册》（*Mindfulness and acceptance workbook for anxiety*）的合著者之一

"幸福的真谛在于能够拥有牢靠和健康的人际关系。在人际关系的困境中挣扎会让你感到痛不欲生。这本书让你学会经过证实的技巧，培养更为健康和更加有效的与人相处之道。《人际关系心理学》一方面将帮助你处理那些给你的人际关系制造障碍的念头和情绪；另一方面指导你如何在生活中与其他人建立健康的人际关系。"

——D. J. 莫兰（Moran），中美心理学研究所的创立者

"《人际关系心理学》在某种程度上受到图式治疗方法的奠基人杰弗里·杨（Jeffrey Young）的启迪，它提供了极具价值的策略，使我们得以应对生活中的重要他人给我们带来的某些最严峻的挑战。如果我们跌入早期生活主题的陷阱，那么我们会作出自我挫败的反应，而这本全面的工作手册为读者提供了富有意义的方式来洞察此类陷阱。它让我们学会如何超越这些根深蒂固的习惯性模式，从而获得有效的、适应良好的人际交往体验和应对方式。为这本富有创意和考虑周全的指南向作者致敬！"

——温迪·碧海芮（Wendy Behary），《解除自恋者的武装》（*Disarming the Narcissist*）的作者

"对大多数人来说，如果我们的人际关系亮起红灯，那么

我们的生活会难以为继。尽管人际关系对人类的健康和幸福来说是至关重要的，但是心理学一直令人匪夷所思地疏于解决人际关系问题。这本书打破了这种奇怪的沉默。它提出了一种创造性的和循序渐进的方法，而研究表明这种方法能够切实地改善你的人际关系。这本书所提供的方法清晰明了、安全可靠，将有助于为你自己和你所爱的人创造更加美好的人生。极力推荐！"

——斯蒂文·海斯（Steven C. Hayes），接纳承诺疗法创始人，《学会接受你自己》(*Get out of your mind and into your life*) 一书的作者

"对那些长期遭受人际关系问题折磨的人来说，《人际关系心理学》是一本亟需的自助书。作者有策略地引导读者识别他们的图式、触发因子以及以往的行为模式。此外，作者还手把手地教会读者如何逐渐强化那些契合他们人际关系价值观的新行为。对所有不断遭受人际关系困扰的人来说，这本书正当其用。我强烈推荐这本书，不仅因为它有着丰富的内容，而且因为它有着实证研究的支撑。"

——帕特里西娅·E.苏里塔·奥那（ Patricia E. Zurita Ona），心理学博士，东湾行为治疗中心心理学家，《心灵与情绪：情感障碍的普遍疗法》(*Mind & Emotions*) 的合著者

"亲爱的读者，你手里正握着一种可以大大改善并改变你的人际关系的资源。这本清晰易懂和不落窠臼的工作手册提供了一种全新的治疗方法，它把正念训练中的古老智慧和当代心理治疗的实用技巧有机结合起来。别让这样的好机会从你的指

缝中溜走。"

——斯蒂夫·弗洛沃斯（Steve Flowers），《害羞的正念疗法》（*The Mindful Path Through Shyness*）《只想静下来》（*Living With Your Heart Wide Open*）的作者

前　言

在多重人际关系和你的生活领域（朋友、家人、同事、伙伴等）中经常会产生人际关系问题。此类问题会给你和你所关心的人带来强烈的痛苦。如果你正在阅读这本书，那么你可能正在为某些人际关系感到苦恼，并且或许正在采用破坏性的方式来应对紧张的人际关系。你也有可能正面临与人际关系问题有关的当务之急，比如说，焦虑、抑郁或创伤。你或许已经发现，针对你的焦虑、抑郁或创伤的治疗并不能非常有效地解决你的人际关系的困扰。

我们将图式聚焦疗法（Schema-focused therapy）的理念和接纳承诺疗法（Acceptance and Commitment Therapy）的方法结合起来，帮助你识别和改变有害的人际关系模式。这本书着重讲解如下十种图式：遗弃／不稳定、不信任／虐待、情感剥夺、缺陷／羞耻、社会孤立／疏离、依赖、失败、权利／自大、自我牺牲／屈从、苛刻标准／吹毛求疵。此类图式是根深蒂固的思维模式，会导致有问题的应对行为。当场景或谈话激活了你的图式，你的反应就是保护自己——回避痛苦的情绪。遗憾的是，你的图式应对行为经常使本来有问题的人际关系雪上加霜，并使你的痛苦变本加厉。

这本书为你提供由经验验证过的方法——基于接纳承诺疗法——来处理你的人际关系问题。你将学习如何用不同的方式来处理图式激活所带来的痛苦，并且根据你最根本的价值观作出的回应方式来代替劳而无功的图式应对方式。注意：这是一本"实操"手册——为了取得进步，你必须做这本书里的练习。尽管这种练习过程有时具有挑战性，并且不时让你情绪波动，但是它能极大地改善你的人际关系。如果我们拥有情深意重的和健康稳妥的人际关系，那么我们的生命就会茁壮成长。现在，让我们开始生命的成长之旅吧。

CONTENTS

- 目录 -

第 1 章

人际关系问题的定义

你会在家庭聚会时感到被亲属孤立和疏离吗？你是否有过很多朋友，而至今他们都杳无音讯？你是否难以维持一段认真的恋情？你是否在工作中总是与老板和其他员工闹矛盾？如果你对上述问题的回答大部分是肯定的，那么你也许正在遭受人际关系问题的困扰。

在本章，你将了解到人际关系问题的性质和原因，以及克服人际关系问题的方式。本章将要介绍的治疗方案是经过研究验证的（McKay，Lev and Skeen，2012），并且能够卓有成效地改变那些有问题的人际关系行为。

什么是人际关系问题？

人际关系问题就是人际关系中反复出现的问题。比如说，你难以与家人、朋友、挚爱的人、同事、合作伙伴等和睦相处，而此类问题持续了很长时间，并且似乎遵循一个熟悉的模式频繁地出现。

■示例

我叫琼，48岁，是一名房地产经纪人。我经常与我的第三任丈夫本吵架。他埋怨我过于消极，并且不能在情感上给他支持。

他似乎非常需要我，贪得无厌，特别黏人。在他身边，我感到窒息。但是我不想离婚。原因之一是我自己一个人负担不起房租和医保。从我拿到工作执照开始，房地产市场就一直低迷不振，而我所拿到的佣金还不够糊口。我和客户合不来，也没能像办公室里其他同事那样发展出回头客。

至于朋友，我真的只有一个。她叫玛格丽，是个鉴定师。我们周五晚上一起聚一聚，一边品着玛格丽塔酒，一边拿当地生意圈中我俩都熟悉的每一个人来逗乐子。最终，由于和本在一起生活的压力太大了，所以我和他同意分开一段时间。玛格丽让我搬到了她家的客房住，在两周左右的时间内，我们相处得还行，不过后来我们开始出现摩擦，最后她说我是时候从她家搬出去了。

什么导致了人际关系问题？

人际关系问题是由不良的应对策略——习惯性地用无效的方式来处理人际关系的压力——引起的。例如，当琼的丈夫本指责她对他冷漠和疏远时，她以对本进行攻击的方式来处理人际关系的压力——她指责他对他们的关系事无巨细样样都管，让她感到窒息。

在导致人际关系问题的诸多不良应对策略中，"攻击"（attacking）只是其一。面对同样的指责，某些人会采取"退缩"（with drawing）这种应对方式。他们会干脆对这种指责视而不见，拒绝谈论此事，转移话题或离开房间。

"黏人"（clinging）是某些人用来处理人际关系压力的另一种策略。他们变得非常依赖自己所爱的人，坚称如果失去这段感情的话，他们就活不下去了。这是一种情感勒索，声称"如果你离开我，我就会崩溃"。

另一种错误的应对方式是"指责"（blaming）。琼也许把自己疏远丈夫这种行为归咎于他身上，指责他拒自己于千里之外。或者，当丈夫的抱怨让她感到有压力时，她以屈服来应对，马上说："噢，你说的对，很抱歉，我会努力变得更加热情。"但是，她从来不付诸行动，只不过是想快点了结这桩烦心事。

此类错误的应对策略是怎么产生的呢？很多人都是在童年时期学会采用此类错误的应对策略来度过家庭生活中的艰难时光。例如，作为一个小孩，你也许要屈服于专横的父母来保证自己的安全。你也许会因为害怕被冷漠的父亲抛弃而采用退缩、变得黏人、怨天尤人的方法来应对。有时候，儿童会仿效他们父母的做法来应对——当他们感到害怕时，攻击他人；或者，当他们受到伤害时，对他人进行指责。

某些应对策略则是人们在长大成人的过程中学会的。当你不经意间发现某种方法似乎对社交场合有所帮助时，你就会继续采用这样的方法。例如，瑞克刚念小学就发现他可以通过开玩笑和逗乐他的同学们来获得他人的关注和避免遭到他人的欺凌。他成为他班上的小丑，用幽默的段子来应对各种社交压力。遗憾的是，他后来发现要想拥有美满的婚姻和成功的事业，仅靠幽默是不够的。

这便是此类不良的应对策略的问题所在——因为它们在短期内起到些许保护作用，缓解某些人给你带来的压力，所以你继续采用它们。随着时间的流逝，它们变成了呆板和僵化的行为模式。你开始不断地在所有的社交场合采用同样的应对方式。这种错误的应对策略被泛化和弥散至其他领域——你试图采用你小学三年级时用来应对父母或同伴的招数来应对你的成年朋友、恋人、配偶或老板。但是，过去还有点用的方法现在却导致了糟糕的结果。短期的策略变成了长期的麻烦。

所以，你就应该改变应对策略，对吗？但是正如琼所发现的那样可没那么简单。

■示例

又是我，琼。我参加了房地产协会一个超级推销员举办的一个工作坊。他很明确地告诉我们，向潜在买家展示房子时应该怎么表现——你应该时刻充满信心，凸显房子最佳的特色。你应该温文尔雅地询问私人问题，对潜在买家的孩子和工作表现出兴趣。你应该避免批评卖家或房子。总之，你应该全面地、清楚地、耐心地回答所有问题，不管这些问题有多愚蠢。

参加完工作坊之后，我斗志昂扬，下定决心遵从所有的指导，开始与我的潜在买家建立更加融洽的关系。然而，你会碰到愚蠢透顶而让你火冒三丈的买家！他们会一遍又一遍地问同样的蠢问题，并且根本不注意我的解答。差不多两周后，我又故伎重演——一个字作答，含沙射影地挖苦，表现消极，不胜其烦。

人们为何如此顽固地采用不良的应对策略？

既然此类与他人相处的方式明显无效，那为何难以改变它们呢？因为不良的应对策略不仅仅是反复强化的习惯，还来源于更深的层次——来源于被称为"图式"（schemas）的那种人们几乎难以察觉的信念。图式是你深信不疑的核心信念——你认为你是怎样的一个人，你认为你与他人的关系是什么性质。以下是某些会使人际关系出现问题的典型图式：

人们总是疏远我。

过于相信别人是很危险的。

没有人真的在乎我或给予我需要的东西。

我有毛病。

我没有任何归宿感。

我无法照顾好自己，我需要别人帮助我。

其他人的需要比我的需要更加重要，我必须先替他们着想。

我必须发挥最高水平，不容出错。

对我来说，最好才算好。

我做的事要失败了。

如果你有此类图式，并且逐步将它们付诸行动，那么你会发展出不良的应对策略，并且很难改变。你的图式不仅影响你的行为，而且影响了你如何去解读他人的所作所为。你按照你的图式来看待其他人，只注意到他人的那些会强化你的图式的消极的言行举止，而对任何与你的核心信念相矛盾的信息视而不见。

你的图式之所以根深蒂固和难以改变，是因为它们有助于你理解这个世界和安排你的生活。比如说，在很多场合，像"过于相信别人是很危险的"这样的图式都可以作为你的准则，让你感到安全、独立和强大——至少在短期内是如此，直到你因孤独和孤立而患上慢性抑郁症和产生怨恨情绪。

■**示例**

我叫罗斯，今年二十九岁。我一直都觉得自己是个废物，一旦别人识破我的庐山真面目，就真的不会再喜欢我。这便是主宰我的爱情生活的图式。每当我开始和某人变得更加亲密，我就担心她会发现我是一个多么糟糕的人。所以，我往往在女人踹掉我之前甩掉她们。这是一种自我保护的方式，赶在别人拒绝我之前甩掉她们。

我和上任女友艾琳谈恋爱时，我尝试着进行改变。在她开始说起我们相处得多么融洽，并暗示我们搬到一起住时，我下定决心坚持下去。但是我逐渐感到压力越来越大，和艾琳在一起时我觉得越来越紧张，最终，一天晚上，我挑起事端和她大吵一架，然后我们分手了。我几乎是看着自己做着那些我打算避免的事，但是我却情不自禁地这样做，这太奇怪了。就目前来说，我不准备发展任何新的恋情。谈恋爱太痛苦了，并且注定会失败。

你如何克服人际关系问题？

为了克服人际关系问题，你需要设定并实现四个基本目标。第一，你必须改变有问题的行为。例如，习惯性地自吹自擂，对他人冷嘲热讽，或对他人愤怒抨击。第二，与不同的人相处时，你需要灵活应对——见机行事，到什么山上唱什么歌。第三，你必须摆脱某些关于你自己和他人的消极的和自我挫败的信念。第四，也是最后一点，你必须学会如何不再逃避那些让你感到不适的社交场合。

为了实现这四个基本目标，这本书将斯蒂文·海斯（Steven Hayes）和同事（Hayes，Strosahl and Wilson，1999）创建的接纳承诺疗法（ACT）的技巧与由杰弗里·杨和同事（Young，Klosko and Weishaar，2006）创建的图式疗法的技巧结合起来。当你看完这本书时，你将学到通过以下 6 个步骤来处理你的人际关系问题：

1. 揭示你的图式。

2. 识别你的不良的应对策略。

3. 确定那些你在人际关系中的角色定位的核心价值观。

4. 学会观察和接纳图式所导致的痛苦，而不遵循图式行事。

5. 学会让自己与图式所导致的痛苦念头保持一定距离。

6. 将价值观——你在人际关系中的角色定位——付诸行动。

这个方法被艾维加尔·里维（Avigail Lev）证实是有效的。她曾在 2011 年开展随机抽样的对照实验，而结果表明此类技巧显著地减少了那些会导致人际关系出现问题的行为（Lev，2011；McKay，Lev and Skeen，2012）。

第 2 章

识别图式

在本章中，你将识别那些触发你的人际关系问题的不良的图式。不良的图式（maladaptive schema）（Young，1999）本质上是一种关于你自己和你与这个世界的关系的信念——一般来说，其核心感觉和情绪是你自己身上出了问题，你和他人的关系出了问题，你周围的世界出了问题。此类图式妨碍你从自己与他人的关系中获得安全感和满足基本需求。杰弗里·杨和同事（Young， Klosko and Weishaar，2006）创建了一种治疗方法——图式疗法——它有助于你去识别如下特定图式。

图式是如何形成并对你产生影响的？

不良的图式在人们的童年时期形成，并且是由他们与父母、兄弟姐妹、同龄人之间不断发展的关系失调的体验所导致的。它们来自特定的创伤事件或你反复接收到的有关自己的恶毒言辞："你很坏"或"你没做对过一件事"。随着你试图在不断成长中合理地解释自己的遭遇并且试图避免更多的痛苦，此类适应不良的图式得到强化。

图式一旦形成，它就成为一种非常稳固的模式，并且在你的整个人生中发挥重要影响。图式就像一副太阳镜，给你的现实涂抹上了颜色，改变了你看待事情的方式，让你对自己遇到的每一个场合作出臆断和预测。

成年后，当你遇到紧张的人际关系问题时，童年时期形成的图式便会被再三触发。当图式被触发后，它会让你产生特定的、习惯性的、强烈的念头和感觉，从而导致与抑郁、恐慌、孤独或愤怒相关的长期的情绪问题。此类念头和感觉也会给人际关系带来问题，因为图式会使你采用有损于人际关系的方式来应对他人。

揭示你的图式

你可以通过以下特征来识别你的早期的不良的图式：

•无条件性；你把它们视为关于自己或周围环境的显而易见的事实。

•拒绝改变；它们是在童年时期就变得根深蒂固的模式。

•自我永存；它们触发那些似乎印证图式是正确的行为。

•预测性；它们帮助你预测在未来的人际关系里会发生什么。正是这种可以预测未来的错觉，使你尤其难以放弃这种图式。

•被社交压力触发；当你的人际关系中出现痛苦的事件时，

它们就会被触发。

●高度情绪化：它们经常会伴随有强烈的感觉，例如羞耻、恐惧、伤心、绝望，等等。

练习 2.1 识别你的图式

以下有 100 道陈述题（改编自 McKay and Fanning, 1991），请你在每读完一题后，根据自己的情况来进行判断。如果基本上符合，就在"是"上画圈；如果基本上不符合，就在"否"上画圈。在难以作出选择时，请根据直觉来做题。为了在最后得出准确的分数，请你务必完成每一道题，在"是"或"否"上画圈（而不要在两个选项上都画圈）。不过，这不是考试，答案也无所谓对错。

基本上符合	基本上不符合	陈　述
是	否	1. 我所爱的人大多数都沉稳可靠。
是	否	2. 我很少觉得自己被别人占便宜。
是	否	3. 我感觉到被他人喜爱和关心。
是	否	4. 我值得被爱与尊重。
是	否	5. 我对我的家庭和团体有强烈的归属感。
是	否	6. 在大多数情况下，我可以做好要做的事。
是	否	7. 我能出色地完成很多任务。
是	否	8. 大多数时候我感觉自己很一般。

续表

是	否	9. 我可以通过自力更生得到我想要的东西。
是	否	10. 我给自己设立了合理的标准。
是	否	11. 我生命里重要的人都善变。
是	否	12. 很多人想要伤害我或占我便宜。
是	否	13. 我从没真正感觉到来自家人的关心。
是	否	14. 我经常感觉到自己有缺陷或不足。
是	否	15. 我经常感觉到自己不合群。
是	否	16. 我觉得自己在很多场合里都无能为力。
是	否	17. 我基本上是个窝囊废。
是	否	18. 我是一个出类拔萃的人。
是	否	19. 别人比我自己更能照顾好我。
是	否	20. 我做的事很少令自己满意；我通常认为自己可以做得更好。
是	否	21. 我有安全感。
是	否	22. 我往往相信别人，并假定他人是值得相信的。
是	否	23. 我至少有一段满意的亲密关系。
是	否	24. 我感觉自己还可以。
是	否	25. 我和自己的朋友们相处融洽。
是	否	26. 我能够自力更生地存活很长一段时间。
是	否	27. 某些事情我做起来很容易。
是	否	28. 我凡人一个，也会做错事。
是	否	29. 与他人意见相左是可以的。
是	否	30. 我能原谅自己的失败。

续表

是	否	31. 我从未真正感觉到自己被家人保护和庇护。
是	否	32. 大多数人都不值得信任。
是	否	33. 我的人际关系都很淡薄，如果我明天消失，也没人会注意到。
是	否	34. 如果我喜欢的人真的了解我，就不会喜欢我了。
是	否	35. 我感觉自己是个局外人。
是	否	36. 我觉得某些人对我的生存来说是不可或缺的。
是	否	37. 每当我相信自己的判断时，我的决定都是错的。
是	否	38. 和普通人相比，我有更多的优秀品质。
是	否	39. 我发现自己总是附和别人的计划。
是	否	40. 我是个完美主义者，不管做什么事，我必须做得最好。
是	否	41. 在我的一生中，至少有一个人值得信赖，能一直在我身边支持我。
是	否	42. 与他人相处时，我很少需要提防他人。
是	否	43. 我感觉到家人对我的关心和爱护。
是	否	44. 我有值得满足的合理需求。
是	否	45. 人们通常都接受我的本来面目。
是	否	46. 我很少需要或向他人寻求帮助。
是	否	47. 我是个心灵手巧的人，和大多数人一样能干。
是	否	48. 我对我应得的部分很满意，不需要特别关照。

续表

是	否	49. 我做的任何事情都不需要得到他人的认可。
是	否	50. 我给自己设定了可以达到的目标。
是	否	51. 人们总是对我敬而远之。
是	否	52. 我必须保护自己免受他人的谎言和恶意评论的伤害。
是	否	53. 我的大多数家人都很冷漠和疏远。
是	否	54. 我很沉闷乏味，提不出有趣的话题。
是	否	55. 人们一起做什么事时，通常把我排除在外。
是	否	56. 我严重依赖他人的帮助。
是	否	57. 我往往逃避新的挑战。
是	否	58. 我觉得我应该拥有特殊权利或得到特别关照。
是	否	59. 我单凭自己做不好事情。
是	否	60. 失败让我觉得非常苦恼。
是	否	61. 我有真正可以依赖的人。
是	否	62. 我能指望大多数人去做他们声称会去做的事。
是	否	63. 我可以得到我想要的关心和关注。
是	否	64. 我在这个世上是有价值的。
是	否	65. 我的期望和梦想和其他任何人的都差不多。
是	否	66. 我自信可以处理好大多数问题。
是	否	67. 如果我去尝试，我可以学到新的技能。
是	否	68. 我值得拥有和别人同等的待遇，不多也不少。

续表

是	否	69. 我喜欢独自消磨时光。
是	否	70. 我不是十全十美的，但这没关系。
是	否	71. 一些对我来说很重要的人是不可靠的。
是	否	72. 很多人会食言和撒谎。
是	否	73. 我无法指望别人来照顾我和给我提建议。
是	否	74. 我毫无吸引力。
是	否	75. 我有时觉得自己像个外星人，与其他人格格不入。
是	否	76. 我总是不知道要做什么，感到无助和迷茫。
是	否	77. 压力之下，我表现不好。
是	否	78. 我觉得自己不应该接受某些施加在普通人身上的约束。
是	否	79. 我努力讨好他人，把他人的需求置于我的需求之前。
是	否	80. 我对自己要求过高，以致损害了我与他人的关系、我的健康或我的幸福。
是	否	81. 我至少有一段牢固而稳定的人际关系。
是	否	82. 我自信别人会对我好。
是	否	83. 我可以指望朋友给我提供建议和情感支持。
是	否	84. 我所喜欢和尊重的人通常也喜欢和尊重我。
是	否	85. 我可以跳槽或加入一个俱乐部并很快融入其中。
是	否	86. 我不需要经常向他人求助。

续表

是	否	87. 我的大部分决定都是妥当的。
是	否	88. 就生活中的好事来说，我基本上得到了我应得的。
是	否	89. 我独立思考，并能够坚持自己的想法。
是	否	90. 犯错误是可以的。
是	否	91. 我害怕被人抛弃，担心自己所爱的人死亡或排斥我。
是	否	92. 太多人让我失望。
是	否	93. 没人拥抱我，没人与我分享秘密，也没人真的关心我发生了什么事。
是	否	94. 我不值得拥有他人太多的关注或尊重。
是	否	95. 我对自己现在所在的地方没有归属感。
是	否	96. 我经常需要他人的帮助。
是	否	97. 我所做的任何事情都会被我搞砸。
是	否	98. 我有权获得生活里必须给予的最好的东西。
是	否	99. 我很难让别人知道我自己的需要和要求。
是	否	100. 我自己有一套非常清楚和黑白分明的规则。

计 分

这个量表评估了有关以下十个主题的核心信念。此类主题在每个人的生活中都很重要，每个人都会拥有某些此类信念，不管人们是否察觉到它们。

请你仔细依照下列评分标准来计算你的得分：

1. 遗弃／不稳定

请看第 1、21、41、61、81 题的回答。每次在"否"上画一个圈，就给自己加一分。

请看第 11、31、51、71、91 题的回答。每次在"是"上画一个圈，就给自己加一分。记录你以上的总分。

这组得分在 0 到 10 之间，分数越高表明你对"我生命中重要的人都是善变或不可靠的"这一陈述的认可程度越高。

2. 不信任／虐待

请看第 2、22、42、62、82 题的回答。每次在"否"上画一个圈，就给自己加一分。

请看第 12、32、52、72、92 题的回答。每次在"是"上画一个圈，就给自己加一分。记录你以上的总分。

这组得分在 0 到 10 之间，分数越高表明你对"虐待或忽视会让我感到受伤"这一陈述的认可程度越高。

3. 情感剥夺

请看第 3、23、43、63、83 题的回答。每次在"否"上画一个圈，就给自己加一分。

请看第 13、33、53、73、93 题的回答。每次在"是"上画一个圈，就给自己加一分。记录你以上的总分。

这组得分在 0 到 10 之间，分数越高表明你对"我对情感支持的需求将不会得到满足"这一陈述的认可程度越高。

4. 缺陷 / 羞耻

请看第 4、24、44、64、84 题的回答。每次在"否"上画一个圈，就给自己加一分。

请看第 14、34、54、74、94 题的回答。每次在"是"上画一个圈，就给自己加一分。记录你以上的总分。

这组得分在 0 到 10 之间，分数越高表明你对"我是有缺陷的、低劣的、不可爱的"这一陈述的认可程度越高。

5. 社会孤立 / 疏离

请看第 5、25、45、65、85 题的回答。每次在"否"上画一个圈，就给自己加一分。

请看第 15、35、55、75、95 题的回答。每次在"是"上画一个圈，就给自己加一分。记录你以上的总分。

这组得分为 0 到 10 之间，分数越高表明你对"我不属于任何群体，我被孤立，或与众不同"这一陈述的认可程度越高。

6. 依赖

请看第 6、26、46、66、86 题的回答。每次在"否"上画一个圈，就给自己加一分。

请看第 16、36、56、76、96 题的回答。每次在"是"上画一个圈，就给自己加一分。记录你以上的总分。

这组得分为 0 到 10 之间，分数越高表明你对"我无能或无助，需要别人的大力帮助，单凭自己一个人活不下去"这一陈述的认可程度越高。

7. 失败

请看第 7、27、47、67、87 题的回答。每次在"否"上画一个圈，就给自己加一分。

请看第 17、37、57、77、97 题的回答。每次在"是"上画一个圈，就给自己加一分。记录你以上的总分。

这组得分为 0 到 10 之间，分数越高表明你对"我不胜任，终究会失败"这一陈述的认可程度越高。

8. 权利／自大

请看第 8、28、48、68、88 题的回答。每次在"否"上画一个圈，就给自己加一分。

请看第 18、38、58、78、98 题的回答。每次在"是"上画一个圈，就给自己加一分。记录你以上的总分。

这组得分为 0 到 10 之间，分数越高表明你对"我比他人优越，我值得拥有特权"这一陈述的认可程度越高。

9. 自我牺牲／屈从

请看第 9、29、49、69、89 题的回答。每次在"否"上画一个圈，就给自己加一分。

请看第 19、39、59、79、99 题的回答。每次在"是"上画一个圈，就给自己加一分。记录你以上的总分。

这组得分为 0 到 10 之间，分数越高表明你对"我把他人的需求置于我的需求之前，不管是因为自愿还是受到了真实的或感觉到的胁迫"这一陈述的认可程度越高。

10. 苛刻标准 / 吹毛求疵

请看第 10、30、50、70、90 题的回答。每次在"否"上画一个圈，就给自己加一分。

请看第 20、40、60、80、100 题的回答。每次在"是"上画一个圈，就给自己加一分。记录你以上的总分。

这组得分为 0 到 10 之间，分数越高表明你对"为了避免遭到他人批评，我必须达到很高的标准"这一陈述的认可程度越高。

你的得分情况如何呢？为了直观地展示此类结果，请你把你的分数填在以下的条形图上。对以下十项图式，根据自己得出的分数，给每项对应的条形框涂上颜色。

10. 苛刻标准 / 吹毛求疵	1	2	3	4	5	6	7	8	9	10
9. 自我牺牲 / 屈从	1	2	3	4	5	6	7	8	9	10
8. 权利 / 自大	1	2	3	4	5	6	7	8	9	10

7. 失败	1	2	3	4	5	6	7	8	9	10
6. 依赖	1	2	3	4	5	6	7	8	9	10
5. 社会孤立 / 疏离	1	2	3	4	5	6	7	8	9	10
4. 缺陷 / 羞耻	1	2	3	4	5	6	7	8	9	10
3. 情感剥夺	1	2	3	4	5	6	7	8	9	10
2. 不信任 / 虐待	1	2	3	4	5	6	7	8	9	10
1. 遗弃 / 不稳定	1	2	3	4	5	6	7	8	9	10

你或许可以把这些条形框看作"人际关系问题监狱"。如果你在大多数条形框上的得分低，你就更容易逃出这个监狱。如果你在大多数条形框的得分高，你就要花更多的时间和精力来逃出图式监狱。

另外，不要将这十项主题看作像铸铁那样固定不变的东西——它们并非人际关系问题里唯一可能的图式。10 这个数字只不过是一个为方便起见而提出的数字，而对这十项图式的精确表述是综合考虑了大多数人反馈的意见而得出的平均结果。你是一个个体，你的图式的数量和表述都是独一无二的。

练习 2.2　念头日志

一种发现你的独特图式的方法就是从更加明显的事着手：你在现实生活社交场合的感觉和念头。采用如下日志来记录你在连续两周内的感觉和念头。在此期间，注意自己与他人的一切社交互动,注意出现过的所有的痛苦情绪:焦虑、尴尬、愤怒、悲伤,等等。每当你感到不愉快的情绪,就尽快写下那时的场景和感觉,并简要描述你当时的念头。

念头日志

场　景	感　觉	念　头

■示例

嗨,我是贾森。今年三十六岁。以下是我在两周内记录的念头日志的三条内容。我发现当我与妻子、女儿以及公司的老板相处时,我就会产生最糟糕的感觉。

念头日志

场　景	感　觉	念　头
向老板做述职报告时,她说我需要培养更多的团队精神。	焦虑	她正在编造一个炒我鱿鱼的理由。我真是一个窝囊废。 我再也不会找到一份这么好的工作了。
指导女儿做代数作业,她就是听不懂。	沮丧、愤怒	我无法忍受了!
妻子在岳母家打来电话说她决定在那儿过夜,明天再回家。	恐惧	她打算离开我。

练习 2.3　从念头中发掘出图式

念头日志里记录的念头不大可能是关于你的图式的清楚而
简明的陈述。此类念头也许是你日常的内心独白中司空见惯的
一部分，是根据你的图式作出的零零散散的言论、诠释、记忆
和预测的混合体。

为了从你的表面念头中发掘出内在的图式，请你向自己提
出如下问题：

如果＿＿＿＿＿＿＿＿＿（念头）是真的，这对我来说意味
着什么？

你的回答是你的第二个念头，它更贴近你的图式。用它再
去问一遍上面的问题。

如果＿＿＿＿＿＿＿＿＿（第二个念头）是真的，这对我来
说意味着什么？

不断地提出关于新的念头的同样的问题，直到得出一个让
你觉得最贴近事实的陈述。这可能就是你的图式之一。

■示例

又是我，贾森。我做了这个深入探讨的练习，而采用的是
我试图指导女儿做数学家庭作业时的念头。我最初的念头是"我

无法忍受了"。

我问我自己，"如果我真的无法忍受了，那么这对我来说意味着什么？"

答案："这意味着我无法处理她的抗拒，无法应对她对我的指导充耳不闻的做法。"

于是我再问自己："如果她真的是抗拒我并对我的指导充耳不闻，这对我来说意味着什么？"

答案："这意味着我是个糟糕的家长。我不知道我在干什么。"

我接着问自己，"如果我真的不知道身为家长的我在干什么，那么这对我来说意味着什么？"

这个问题的答案是："这意味着我是个失败者。我没有任何育儿技巧。"

到这时，我意识到我得出了结论，这是关于我自己的一个极为根本和非常可悲的念头。我也注意到，这个念头非常接近图式表里"失败"部分的某些陈述。

练习 2.4　图式意象

另一种方法是通过意象来弄清你的图式。设想一个让你感到有压力的社会活动场景，自己身临其境，让情景栩栩如生地缓慢呈现，并对它们进行分析，以便观察自己的感觉和念头。

找一个你在十分钟内不会被打扰的安静地方。躺着或坐着，舒展你的双腿和手臂。闭上眼睛，慢慢地做几次深呼吸。回忆最近一次让你体验到消极情绪的典型社交场景。

慢慢来，在脑海里真实地再现那个场景。留意当时的环境：颜色和形状，声音和味道，纹理和音调。尽最大努力让这个场景在你的脑海变得真实。看着他人或人群，在这个场景里，你像平时那样行事。就像拍电影那样，从头到尾，说你之前说过的话，听你之前听到的声音，做你之前做过的事情。观察和聆听其他人在扮演他们自己的角色时的言行举止。

在这个场景里，你担心会发生什么事？

在这个场景里，其他人会如何看待你？

这个场景让你对自己有何感觉？让自己去体验当时所体验到的同样的情绪：害羞、尴尬、紧张、恐惧、烦躁、愤怒、羞耻、愧疚。给每一种情绪命名并大声说出来。

在此场景里，你想对自己说些什么？组织你的话语并大声说出来。

此类问题的答案往往会使你的图式跃然纸上。

■示例

嗨，我是克莱尔，今年二十八岁。我采用图式意象来分析我和我的丈夫克拉克待在一起时的场景。我想象克拉克下班回家，来到地下室，我正在那儿洗衣服。我想象我听到了荧光灯嗡嗡作响，闻到了地下室的潮湿的气味。

克拉克看到洗衣槽还在漏水，水滴在水桶里，而这个水桶放在洗衣池下面已经有两个礼拜的时间了。他说："你难道没有打电话给水管工吗？"

我立刻感到愧疚和惊慌，而眼泪夺眶而出。我没说一句话，只是低头看着洗衣机。

"怎么了？"他说。

"但是，总是你打电话给水管工的。"我说。

"我连续十四天都在加班，"他说，"你得承担这事儿。"

"我尽力了。"我这样说，并开始哭了起来。

他叹了口气，摇了摇头，没有再说什么。

之后，我哭了，感到沮丧和无用。

这并非一个暴力的或戏剧化的场景，但是它很典型。

在这个场景里，让我担心受怕的是，克拉克最终会受够了我。我觉得他憎恨我过于依赖他，憎恨我像个累赘一样缠着他。这样的场景让我感到自己不称职和不完善，没能力为自己做任何事。这种图式可以被称为"依赖"。

图式与痛苦的情绪

既然你已经发现你与他人的关系图式，那么你可以探究图式带来的痛苦情绪了。每一种图式一般与一种或多种痛苦的情绪状态有关。因为图式信念和图式情绪总是密切相关的，所以你学会了去害怕当图式被触发时人际关系带给你的压力。下表给出了与之前十种图式相对应的典型情绪。

图　式	情　绪
遗弃 / 不稳定	恐惧、愤怒、悲痛
不信任 / 虐待	恐惧、愤怒
情感剥夺	孤独、渴望、悲伤、愤怒
缺陷 / 羞耻	羞耻、悲伤、愤怒
社会孤立 / 疏离	孤独、羞耻、恐惧、焦虑、愤怒、渴望
依赖	恐惧、焦虑、愤怒
失败	恐惧、悲伤、愤怒、羞耻
权利 / 自大	愤怒
自我牺牲 / 屈从	愧疚、恐惧
苛刻标准 / 吹毛求疵	愤怒

练习 2.5　识别图式情绪

利用下表来识别你的图式被触发时产生的特定的痛苦情

绪。在第一列，写出你在本章发现的图式。接着想象每种图式
被触发时的场景，然后在第二列写出你所体验到的情绪。

图　式	情　绪

逃　避

作为人，我们都想摆脱痛苦。我们害怕痛苦的情绪，因而
当它们出现时，我们往往寻求解脱之道。当痛苦的图式感觉被
触发时，我们往往不顾一切地去逃离它们。这导致了在第 1 章
中论述的不良应对策略——给我们与他人的关系带来麻烦的图
式应对行为。

顺序是这样的：紧张的人际关系场合触发了一种图式念头，
从而带来了痛苦的情绪，后者迫使你逃离，从而触发了习惯性
的逃避策略。

事件→图式→情绪→冲动→逃避

■**示例**

嗨，我是罗杰。今年四十二岁，在一个度假小镇里经营一家汽车旅馆。我拜访了机动车辆部门，询问关于更换一本遗失的驾照的简单问题。他们让我取号等待，而不是花十秒钟去回答我的简单问题。这使我"应该得到比这更好的对待"这种图式被触发，从而导致我怒火中烧。我感到太恼火了，想马上离开，所以我转身冲了出去，而我的问题没有得到解答。

在事件→图式→情绪→冲动→逃避这个顺序里，问题并不在于情绪和急迫逃离的冲动。问题在于逃避——依着急迫的心情逃避这痛苦的情绪。对图式痛苦的逃避造成了人际关系问题。接下来的两章将会详细地解释这究竟是如何造成的。

第 3 章

图式触发因子

图式就像镜片那样，会改变并扭曲你所看见的东西。一旦你的图式被触发，你便会陷入痛苦情绪的海洋，并且今后都以这种方式来看待你自己和你的人际关系。你无法回避图式触发因子。不过，学会识别你的触发因子将有助于你选择更好的回应方式。

识别图式的触发因子

让我们看看之前的十种影响人际关系的不良图式，看看能够触发它们的典型场景和它们所导致的消极情绪（选自《人际关系问题的接纳承诺疗法》McKay，Lev and Skeen，2012）。

●遗弃／不稳定：当你与善变、反复无常、无法指望的人相处时，遗弃图式可能会被触发。当这种图式被触发时，你便会涌现愤怒、恐惧、悲痛的情绪。

●不信任／虐待：不信任／虐待图式可能会在你与那些你觉得会伤害或者背叛你的人相处时被触发。当这种图式被触发时，你会体验到愤怒和恐惧这两种情绪。

●情感剥夺：当你感到孤独时，或与一个冷漠的伴侣相处时，或你感觉得不到理解、保护和关爱的时候，情感剥夺这种图式可能会被触发。当这种图式被触发时，你会感到悲伤、愤怒、抑郁（这种情绪往往令人感到孤独或渴望）。

●缺陷/羞耻：当你开始与某人变得亲密并且担心自己的缺点被人发现时，或当你遭到别人批评时，或当你处于一种害怕别人发现你不完美、有缺陷、无价值的场合时，缺陷/羞耻图式可能会被触发。当这种图式被触发时，你基本上会产生羞耻、愤怒和悲伤的情绪。

●社会孤立/疏离：在你处于某些让你感觉格格不入或落单的场合或人群中时，社会孤立/疏离图式可能会被触发。当这种图式被触发时，主导的情绪是恐惧、焦虑、愤怒、羞耻和孤独。

●依赖：当你遭遇生活变故、涉足新的场合或当你与自己最依赖的人的关系破裂时，依赖图式可能会被触发。当这种图式被触发时，产生的主要情绪是焦虑、恐惧和愤怒。

●失败：当你与比你更成功的其他人士相处时，或当你处于让你觉得自己在某一领域乏善可陈、缺乏特殊天赋、能力或智力的场合时，失败图式可能会被触发。这种情况下会出现的主要情绪是抑郁、羞耻、恐惧和愤怒。

●权利/自大：当事情并未如你所愿那样发生时，或当你的需要和欲望没有被摆在第一位时，权利/自大图式可能会被触发。这时，产生的主要情绪是愤怒。

●自我牺牲／屈从：当你在他人的需求处于优先地位的场合和关系中时，或当你感觉被他人控制时，自我牺牲／屈从图式可能会被触发。你觉得自己陷入生活和人际关系的牢笼。当这种图式被触发时，产生的主要情绪是恐惧和愧疚。

●苛刻标准／吹毛求疵：当你觉得你自己或他人没有达到你的高标准时，苛刻标准／吹毛求疵图式可能会被触发。与这种图式被触发相关的主要情绪是愤怒。

■示例

我叫贝丝，今年二十八岁。对我影响最大的是失败和遗弃／不稳定这两种图式。这两种图式对我的人际关系尤其是对我与我的男友和父亲的关系都产生了重大影响。当我读完每种图式的典型触发因子时，我仿佛看到了引起我的失败或害怕被人遗弃的情绪的那些场合。

我的男友总是很忙，而我的爸爸是一位作家，当他忙于创作时，他完全不愿被他人打扰。当我联系不到他们或他们对我敷衍了事时，我被遗弃的图式便被触发了。

我的失败图式是被批评触发的。我的爸爸总是对那些被我搞砸了的事儿喋喋不休，数落我如何不够仔细。而我的男友则不停地催促我重回学校念书——仿佛因为我没有念完书而只能干秘书的工作，我简直是个窝囊废。这触发了我的失败图式。

练习 3.1 图式触发因子工作表

每一种图式不仅有它自己的典型触发因子，而且它可以在每个关系领域中出现（工作、朋友、家庭、亲密关系、养育子女、社区等）。这个练习将会帮助你了解图式是如何被触发的，哪种图式在工作时产生，哪种图式会在与不同的朋友和家人相处时产生等。请你在每一个领域思考让你心烦的特定的人、冲突和问题。请你填写与这些人相关的图式和图式所引发的情绪。然后识别特定的触发场合和伴随的情绪。请你继续填写下面的工作表，尝试记住每种触发你图式的关系，并尽可能多地收集关于你在每个领域的图式的信息。

图式触发因子工作表

领　　域	图　　式	触发场合	情　　绪

■示例

我叫杰奎因，今年二十九岁。我一直在与三种图式作斗争。

虽然识别此类图式是件烦心的事，但是我开始理解以前我未能
理解的事——比方说，为什么这些图式会产生。我的图式是缺
陷／羞耻、社会孤立／疏离、自我牺牲／屈从这三种图式。你
可以在我的工作表里面看到触发这些图式的场合。

杰奎因的图式触发因子工作表

领　域	图　式	触发场合	情　绪
工作	社会孤立／疏离 社会孤立／疏离 缺陷／羞耻	每个人都抱团去吃午餐。 营销工作小组不包括我。 任何批评／消极的反馈。	愤怒、悲伤 愤怒 羞耻、愤怒
朋友	自我牺牲／屈从 社会孤立／疏离 缺陷／羞耻 缺陷／羞耻	每当他们的需要与我的 需要有冲突时。 当我发现朋友们一起背 着我做某事时。 当我被奚落或被批评时。 当我打电话给他们，而 他们没有回电话时。	焦虑、怨恨 愤怒、悲伤 羞耻、愤怒 悲伤、愤怒
家庭	缺陷／羞耻 社会孤立／疏离 自我牺牲／屈从	我母亲抱怨我没有结婚。 当家人团聚时，他们相 谈甚欢，却不和我聊天。 当母亲要求我去做我不 想做的事。	愤怒 受伤、愤怒 焦虑、怨恨
亲密关系	自我牺牲／屈从 缺陷／羞耻	我总是觉得在约会时， 对方想做什么，我就不 得不做什么。 约会时我做的任何事情 都会受到批评。	焦虑、怨恨 羞耻、愤怒
社区	社会孤立／疏离 缺陷／羞耻	在激进主义会议上，没 人真的和我交谈。 当我想让别人登记投票 时，他们会发怒。	愤怒、悲伤 愤怒、羞耻

注意，杰奎因的工作表记录了大部分关系领域里中的多种图式。这是典型的。同样的图式经常会在很多不同的关系里被触发。反过来说，相同的关系可以触发许多迥然不同的图式。

另外值得注意的是，每种图式仅有几个特有的触发因子。就杰奎因的例子来说，他的缺陷／羞耻图式通常会因批评或他人的愤怒而被触发。当杰奎因遭到团体忽视时，社会孤立／疏离图式一般会被触发。

练习 3.2　图式事件记录

现在就请你把刚刚学到的知识运用到你的关系经验中，这很重要。为了做到这点，你需要在触发因子出现时观察它们。一旦你注意到一段关系中突然产生了消极情绪，这意味着你的图式刚刚被触发了。现在的重点不是去控制图式和痛苦的情绪，而是察觉到图式产生的时刻和被图式所激发的情绪。

以下"图式事件记录"将会帮助你在图式触发因子启动时对它们进行记录。每当你的人际关系中出现消极情绪时，请你在图式事件记录里面将触发因子记录下来，并对图式和它所伴随的情绪进行描述。我们建议你把"图式事件记录"放在床头，并在每晚进行记录。学会全神贯注地观察每一个图式触发事件，以便做好准备来作出新的回应和作出新的选择。不过，你做这些事情的时机尚未成熟；就目前来说，你只需观察。

图式事件记录

图式触发事件	图　式	情　绪

　　既然你知道了哪些场合会导致触发图式以及图式情绪，那么你就能够在日常生活中保持警觉，并对它们进行观察。在下一章，你将开始运用这方面的知识来记录你如何应对图式以及图式如何影响你的人际关系。

第 4 章

图式如何影响你的人际关系

杰弗里·杨及其同事（Young, Klosko and Weishaar, 2006）确立的图式应对行为（SCBs）是有助于你控制或抑制图式痛苦的一些策略。这些图式情绪——恐惧、羞耻、愤怒、绝望——强烈到你想要立刻扑灭它们。虽然图式应对行为使你的痛苦情绪暂时得到缓解，但是从长远来看，它们不仅让图式痛苦雪上加霜，而且往往会破坏你的人际关系。

你常常通过观察自己家人的行为模式来学习图式应对行为。你的父亲也许会在他感到伤害时发动攻击。你的母亲也许会在她感到无助时退缩一隅。虽然图式应对行为有多种表现形式，但是它们有一个共同点——它们试图抑制图式痛苦。

图式应对行为如何伤害你

在幼年时期，当一种不良的图式被触发时，你学会了一种可以控制痛苦的反应。在类似的场合，你一再采用这种方式进行回应。图式应对行为的麻烦在于它们往往会伤害他人。当你陷入退缩、崩溃或攻击的模式时，你与他人的关系会受到损害。过了一阵子，人们就会对你处理图式痛苦的不悦方式感到厌烦。他们会变得冷漠或退缩，而你与他们之间建立的关系或许就分崩瓦解。

图式应对行为共有十种，被分为三大类。第一类是攻击／

过度补偿：当触发图式的事件发生时，你会以攻击性行为进行应对。第二类是屈服：遇到这种图式触发因子时，你会变得被动和默许。最后一类是逃避：你会试图彻底逃离这种图式被触发的场合。

类　型	图式应对行为
攻击 / 过度补偿	1. 攻击性、敌意：如果你用这种应对行为来应对触发图式的事件，你会发现你自己通过责备、批评、挑战或反抗来进行回击。 2. 强势、过于坚持己见：如果你采用这种应对行为，你会发现自己通过控制他人来实现自己的目标。 3. 寻求认可、寻求地位：如果你采用这种应对行为，你会发现自己试图通过取得重大成就和获得显赫地位来打败别人或引人关注，从而得到过度补偿。 4. 操纵、剥削：如果你采用这种应对行为，你会发现自己试图在他人不知晓你的所作所为的情况下满足你自己的需求。这或许会涉及诱惑他人或无法坦诚待人。 5. 被动攻击、反抗：如果你采用这种应对行为，那么你看似顺从，而实际上是在通过拖延、埋怨、拖拉或出工不出力来进行反抗。
屈服	6. 顺从、依赖：如果你采用这种应对行为，你会发现你自己通过指望他人、屈服、依赖、消极表现、逃避冲突、取悦他人等手段来应对触发图式的事件。
逃避	7. 离群索居、过分自主：如果你采用这种应对行为，你会发现你脱离社会、脱离群体、回避他人。因为你很少卷入他人的事务，所以你显得过分独立和自立。你也许会从事一些独处色彩更浓的活动，比如阅读、看电视、用电脑或独自完成工作。 8. 强迫性寻求刺激：如果你采用这种应对行为来应对图式触发事件，你会发现自己通过购物、性行为、冒险或体育运动来寻求刺激和娱乐。

续表

逃避	9. 成瘾性自我安抚：如果你采用这种应对行为，你会发现自己通过毒品、酒精、食物或过度自我刺激来寻求刺激。 10. 心理退缩：如果你采用这种应对行为，你会发现你自己通过分离、否认、幻想或其他内在形式的退缩行为来逃避现实。

练习4.1　图式应对行为工作表

既然你已经知道图式应对行为是什么样子，现在是时候将它们与你的触发因子联系起来了。察觉自己是如何应对触发图式的每一个场合，对你来说很重要。在开始这个流程之前，请回顾你在上一章中填写的图式触发因子工作表。看看"触发场合"那一栏，将这一栏的内容移到以下图式应对行为工作表中的"触发图式场合"中去。现在，在"图式应对行为"这一栏里描述你应对每一个触发因子时所用的图式应对行为。

如果你难以准确回顾你所做过的事，那么请你试着想象一个特定的触发场合，然后遵循如下步骤来行事：

（1）让自己感觉当时的情绪。

（2）留意当时是什么情绪促使你采取行动。你想要怎样处理当时的痛苦感觉？

（3）回顾清单上列出的十种图式应对行为。

（4）识别你所采用的图式应对行为。

图式应对行为工作表

触发图式场合	图式应对行为

你最习惯使用的图式应对行为是什么？哪一个场合最容易触发特定的图式应对行为？运用这一知识，你可以做到如下两点：（1）当触发因子在实际生活中启动时立即察觉到它们；（2）留意你的应对反应。你行为的改变最终取决于看清触发因子和当时想应对的冲动。做到这两点颇为不易，因为注意日常生活中的图式应对行为会让你觉得羞耻或者觉得自己像是一个失败者。有时候你会发出像"天啊，我又这样干了"这样的感慨。当你察觉到自己的应对图式痛苦的方式后，请温和地对待自己。察觉在前，改变接踵而至。

■示例

嗨，又是我，杰奎因。以下是我填写的图式应对行为工作表的情况。

杰奎因图式应对行为工作表

触发图式的场合	图式应对行为
每个人都抱团吃午餐。	退缩，拒绝和任何人说话。
营销工作小组把我排除在外。	退缩，不愿意在其他项目上援之以手。
批评／负面的反馈。	攻击，说他们的话是狗屎。
我的需求与他们的需求之间的冲突。	屈服，投降，有些闷闷不乐。
朋友一起背着我做某事。	退缩，不再打电话给他们。 向别人抱怨他们（被动攻击）。
被奚落。	攻击，挑他们的毛病。
某人没有回我电话。	向别人抱怨，如果看到这人则表现出冷漠或关机。
我母亲抱怨我还没有结婚。	攻击（"我找不到一个不像你这样的人！"）
家人团聚时，其他人都相谈甚欢，却不和我说话。	退缩，拒绝谈话。
母亲要求我去做我不想做的事。	屈服，投降，闷闷不乐。
被约会对象批评。	退缩，停止交谈。
约会时对方想做的事让我感到有压力。	屈服，与对方协调一致，试图做个老好人。最终退缩，对约会不再有兴趣。
在激进主义会议上，没人和我交谈。	退缩，回家看电视，不再去参会。
在我让人们登记投票时，他们发火。	攻击，嚷嚷"我们当中至少有一个人在忧国忧民"。放弃投票登记动员行为。

注意杰奎因往往用同样的图式应对行为来应对特定的触发因子类型。他在被批评时进行攻击（约会场合例外，他在被

评判时选择退缩）；他在被群体排除在外时选择退缩；他在被迫做某事时选择屈服，并且表现出闷闷不乐、被动攻击的样子。以下是杰奎因用他自己的话说的他从这个工作表中学到的东西。

■**示例**

当我看到所列的触发因子并记起所发生的事情时，我意识到我往往在挨批评时感到伤心，而每当我感到被人忽视时尤其如此。我看到了当我的图式被触发时，它们给我带来了巨大的痛苦。

另一件我意识到的事是我的反应——图式应对行为——有多么强烈，并且都是在无意识的情况下发生。我想方设法——往往通过退缩至安全距离或者发飙——来停止这种伤害。大多数时候我都在生别人的气。

继续学习你的图式应对行为

在接下来的一两周内，请你对那些触发你的图式的人际场合保持警惕。注意图式情绪——伤心、愤怒、羞耻等——是何时被触发的。请记住，你在应对他人时所体验到的任何一种强烈的情绪都可能是由图式触发的。

继续用你的图式应对行为工作表来记录每一个触发你图式

的场合，以及你用来控制痛苦的图式应对行为。现在的要点在
于观察你所做的事情，而不是去改变你所做的事情。偶尔，你
也许能够摆脱以往的图式应对行为的控制，以不同的方式应对
触发因子。这是好事。不过，由于你以往的应对方式现已成为
习惯，因而需要花些工夫才能改变。

第 5 章

图式应对行为的后果

　　了解你的图式应对行为的最后一步，就是了解它们是如何
具体地影响你和你的人际关系的。

揭示你的图式应对行为的后果

　　每当你的图式被触发时，运用图式应对行为来进行回应，
会产生一些后果。有些后果是情绪上的后果：你也许会为你的
行为感到尴尬，或担心人们会如何看待或应对你。你也许会感
到更加孤独或更加沮丧。许多后果是人际关系上的后果——人
们如何对你的图式应对行为作出反应。某些情况下，人们会退
缩、发怒、与你断绝往来、利用你的顺从，等等。

练习 5.1　图式应对行为的后果工作表

　　为了探讨图式应对行为的后果，请回顾你在上一章的图式
应对行为工作表中所列出的所有图式应对行为。现在，在以下
表格的空白处，列出每一种图式应对行为带来的情绪上的和人
际关系上的后果：在你回应后（时间跨度为一个小时至一周）
发生了什么事情？事件发生时，你有什么样的情绪？别人是如
何应对你的？

图式应对行为的后果工作表

图式应对行为（来自第 4 章的你的图式应对行为工作表）	我的情绪	别人的反应
1.		
2.		
3.		
4.		
5.		
6.		
7.		
8.		
9.		
10.		
11.		
12.		

■示例

嗨，还是我，杰奎因。以下是我完成图式应对行为的后果工作表的情况。

杰奎因图式应对行为的后果工作表

图式应对行为（来自第4章的你的图式应对行为工作表）	我的情绪	别人的反应
1.退缩，拒绝和任何人说话（工作）	沮丧、孤独	人们问我怎么了，然后忽视我。
2.退缩，拒绝在其他项目上援之以手（工作）	担心我的工作会有麻烦	我拒绝参加另一个项目时，同事生气了，从我面前走开。
3.攻击,说他们的话是狗屁(朋友)	沮丧、孤独、没人关心	人们往往会愤怒地反击。我因这种过节而葬送了与两个朋友的友谊。
4.屈服，投降，有些闷闷不乐（朋友）	沮丧、怨恨	我的需求被忽略。
5.退缩，不再打电话给他们。向别人抱怨他们（被动攻击）（朋友）	沮丧、孤独	人们不再打电话给我。朋友听说我抱怨他，便不再跟我联系了。
6.攻击，挑他们的毛病（朋友）	沮丧、孤独	人们抱怨我没有幽默感，越发奚落我。
7.攻击，向别人抱怨，如果看到他们则表现出冷漠（朋友）	担心我会失去这段关系	关系破裂。
8.攻击（我找不出一个像你这样的人）（母亲）	受伤、受到排斥	母亲发火，说了更难听的话，说我是个失败者。
9.退缩，拒绝谈话（家庭）	沮丧、孤独	他们问我怎么了，然后继续忽视我。
10.屈服，投降，闷闷不乐（母亲）	沮丧、怨恨	做的事毫无意义，我讨厌取悦她。她认为我为她做任何事都是理所当然的。
11.退缩,停止说话（亲密关系）	感觉自己是个失败者，厌烦自己，也厌烦她在一起	她看似失去了兴趣，不再回电话。
12.屈服，与他人协调一致。最终退缩，不再显得有兴趣（亲密关系）	沮丧，漠不关心、孤独	？

续表

13. 退缩，回家看电视，不再去参会（社区）	抑郁，孤独	没人在乎我做了什么。
14. 攻击，嚷嚷"我们当中至少有一个人在忧国忧民"；放弃投票登记动员活动（社区）	没有意义、孤独	他们生气了；有个人威胁了我。

杰奎因的图式应对行为付出了情感上的代价：他陷入了重度抑郁状态。他越是退缩或攻击，他就越感到孤独。攻击和退缩的图式应对行为都破坏了人际关系：杰奎因与两个朋友绝交，而其他人也对他敬而远之。

请注意图式应对行为往往会强化你最初的图式的结果。杰奎因的图式是缺陷／羞耻、社会孤立／疏离、自我牺牲／屈从。但是当他的图式应对行为导致他与朋友和同事绝交时，他感到自己的缺陷感和疏离感更加强烈。此外，他必须取悦别人这种信念变得更加坚定了——因为别人对他的每一次排斥都会削弱他的自我价值感。杰奎因感到"孤独"的根源在于：人们总是会因为"他有毛病，有些不合人意"而拒绝他。

令人悲哀的是，图式应对行为是自我维系的。你在人际关系里越是频繁地运用它们，别人就越会采用那些会强化你的图式的方式来对待你。这就像一台你不想骑着玩却难以逃离的旋转木马。

图式应对行为是你的人际关系问题的根源。此类回应图式痛苦的方式会损害你的人际关系和生活。每次你用攻击、退缩或屈服来应对图式触发因子时，你身边的人都会受到伤害而离开你。由于关系双方都因冲突而受到了伤害，你也许会像杰奎因一样发现自己陷入了迷失、疏离和深深的悲伤之中。

本书提供一个解决措施。你将在这本书里面学习到改变的步骤，它将会改变你的生命历程。以下是第一个步骤。

停止抗争

你大半生都在试图去终止图式痛苦——但这并未成功。你试图逃离那些触发你图式的场合和人们。此外，你采用图式应对行为来应对，希望以此来在某种程度上阻断或最大限度上减轻图式情绪的影响。

但是你的图式依然被触发，你仍然会感到恐惧、羞耻、悲伤或受伤。即使付出了诸多努力，可是痛苦依然存在，依然会被触发。图式痛苦不仅依然存在，而且事情还无疑变得更加糟糕。

- 你的人际关系破裂，你与他人更加疏远。
- 你也许会弄丢饭碗或得不到其他同事的支持。

●你也许发现自己处于痛苦的冲突之中，与自己想要亲近的人反复斗争。

●你看到那些你爱的人和你想要保护的人的脸上露出受伤的神情。

●你也许失去了归属感，甚至是自尊。

●经过这一切，图式痛苦变得更加强烈，那些以往关于自己的负面信念变得更加坚定。

真相是：试图通过用图式应对行为来回避图式痛苦不会让你摆脱痛苦，只会让痛苦雪上加霜。

痛苦分为两种：你可以回避的痛苦与你无法回避的痛苦。图式痛苦是无法回避的。也许你现在会开始观察或怀疑这一点。当你试图用图式应对行为来回避无法回避的图式痛苦时，这只会让事情变得更糟。生活中最刻骨铭心的痛苦来源于试图不去感受那些必须去感受的痛苦。

你在世上生活，而它创造了你自己的图式；你对此或对触发你图式的事件无能为力。你所能控制的就是你对触发因子的回应。这就是这本书要讲述的内容。

图式就像流沙：你越是胡乱挣扎，你就会陷得越深（Hayes & Smith，2005）。每当你退缩、攻击或屈服时，你都会落入更深的图式痛苦的陷阱。每一种图式应对行为都会破坏你的人际关系和关于你自己的感觉。与图式抗争或试图阻隔或抑制它，这并非正确的解决方案。

我们学到，如果我们身陷流沙，我们必须身体后仰，顺着流沙游出——而不是在里面胡乱挣扎。这种道理也适用于图式痛苦。顺其而动，而不要与其抗争。

还有一个类比也许会有助于你理解这点。图式痛苦就像天气，你的所有的感觉和念头都像天气，在天空中变化（Harris，2009）。天气风云变幻。有时你会遇到打雷下雨，有时会遇到厚厚的积云，有时会遇到降雪，有时会遇到艳阳。天气不断变化，而你每天都有数万个念头和许许多多的情绪。如果图式痛苦出现了，请静观其变。它会像天气那样发生变化。

你就像天空。你容纳着天气——那些永远在不断变化的情绪。你不必修正你的天气。相反，你可以去观察它，接纳它，让它保持本来的面目，直到它发生变化。

第 6 章

正　念

这一章节是巨变的开始。你如何回应不良的图式,如何回应它们所触发的痛苦情绪,都将发生翻天覆地的变化。以往的方式是与图式抗争,试图去阻隔图式所带来的痛苦。但是试图回避图式所带来的痛苦只会让痛苦雪上加霜,而你的某些人际关系也会因这一过程而丧失或破裂。

体验正念

这种新方法就是去注意被某件事触发的图式所带来的痛苦,而不要试图制止或修正它。观察自己的体验而不是被迫去抵抗它,这种能力会成为你人际关系和生活的转折点。这就是我们现在要努力做到的事情:当感受、情绪和念头升起时,你心无旁骛地观察它们,以此来增强你的正念能力。至于它们是痛苦的抑或是愉悦的,这无关宏旨。你将学会如何专心观察。

练习 6.1　五种感官

这种正念练习有助于你深度放松和把注意力集中在当下。它教你如何全神贯注地依次体验自己的各种感官,以便你娴熟地注意当下所看到的景象、所听到的声音、所触到的感觉、所尝到的味道、所嗅到的气味。这项练习持续两分半钟,它鼓励你在把注意力集中于每一种感官时，尽可能多地留意自己的体验。

你可以录下这项练习然后回放，或者边阅读边遵循每一个步骤。

声音：三十秒

将你的注意力集中到声音领域中来。注意你当下听到的声音。注意周围的声音——冰箱或空调的嗡嗡声……你是否听到说话声、鸟鸣声、风声、驶过的汽车发动机的声音？……在你移动、呼吸或吞咽时，你的身体也可能发出了声响……如果你走神了或脑海中冒出其他念头，请温和地使你的注意力重新回到你所聆听到的声音上来。

气味：三十秒

将你的注意力集中到你能嗅到的气味……注意到当下所能嗅到的任何香味或气味……深吸一口气，看看你是否能察觉到最细微的气味……如果你走神了，请你把你的注意力带回到你的鼻子所嗅到的味道上来。

景象：三十秒

现在向四周观看，观察颜色和形状……观察最大的物体……和最小的细节……看看远处的事物……看看近处的事物……继续扫视，观察你所看到的东西。如果你走神了，请你把你的注意力带回到视觉领域……继续用心观察你所看到的万事万物。

味道：三十秒

现在注意你能尝到的味道。也许嘴里还残留着最近喝过或吃过的东西的味道……也许有着微弱的甜味或酸味……舔舔你的手指，留意那微弱的咸味……如果你走神了，请你把你的注意力带回到味觉上。

触觉：三十秒

现在注意你的触觉……留意空气的温度……当你的身体触碰到椅子或地板时，请观察你身体的压力或重量的感觉……注意到椅子或地板的纹理是光滑抑或是粗糙的……注意你身体里面的感觉——你脸上的感觉或你头上的感觉……你的肩膀和手臂……你的胸部……你的腹部……你的腿部等器官或部位上的感觉。如果你走神了，请把你的注意力带回到你的触觉上。

在做完练习后，检查你的放松程度。你是心猿意马还是基本上能够将注意力集中在当下呢？你在每一个感官领域有什么样的体验呢？

这种入门级的正念体验有助于你观察当下的全部体验，而无须对它们做许多思考或评判。这是你提高正念能力的第一步。现在我们将继续阐述呼吸观察和描述体验的正念技巧。

练习 6.2　正念聚焦

这项练习的目的就是在不去抗争或抵抗的情况下进行观察。它会指导你如何观察各种念头和感觉的起起灭灭，以及如何观察它们的本来面目——它们只是转瞬即逝的体验，你并不需要对它们做些什么。你可以录下这项练习然后回放，或者干脆阅读并遵循下列每一个步骤。

闭上你的眼睛，深呼吸……注意呼吸时的体验。观察气息经过鼻后部或咽喉后部时那种也许带着点凉意的感觉……注意你的肋骨扩张和空气进入肺部的感觉……注意你的横膈膜随着吸气而伸展和随着呼气而放松的感觉。

继续仔细观察你的呼吸，让你的注意力追随呼吸的空气流动的轨迹——吸气，呼气；吸气，呼气。在你呼吸的时候，你也将会注意到其他的体验。你也许会注意到念头；当一个念头冒出的时候，你只需对自己说，念头。它是什么就把它描述成什么——念头。如果你注意到了一种感觉，不管是什么样的感觉，只需对自己说，感觉。如果你注意到了一种情绪，只需对自己说，情绪。如实地对它进行描述：情绪。

请不要试图执着于任何一种体验。只需描述它，再将它放下，然后等待下一种体验。你只需观察自己的心理和身体，并描述念头、感觉和情绪。如果你感到痛苦，请你注意这种痛苦，并以开放的心态去等待下一种体验的来临。继续观察每一种体验，不管它是什么，在描述它后将它放下，以便继续用心观察下一种体验。

在你观察时，让这一切自然地发生：念头……感觉……情绪。你是天空，而它们都只是气象。它们只是转瞬即逝的气象……你只需去观察、描述、放下。

静静地沉思两分钟，睁开眼睛，结束练习，将你的注意力转移到周围的事物上。

我们鼓励你每天做这项正念聚焦练习，以便你能更加娴熟地和舒适地观察自己的内心体验。在你做了几次正念聚焦练习后，你也许会开始注意到一些事。把你的内在体验描述为念头、感觉或情绪，这样能有助于你与它们保持一定的距离，使你更乐意让体验自生自灭，哪怕是痛苦的体验也是如此。逐渐地，你就会学会不带评判地去观察或不试图去阻止要发生的事情。

■示例

我叫阿图罗，三十岁，是一名法律援助律师。自从离婚后，我感到无比地悲伤。当我做正念聚焦练习时，悲伤的感觉很快就浮现出来。于是我对自己说，这是一种情绪。通常，当我因为前妻感到伤心时，我也会生气。当我察觉到自己的愤怒时，我会对自己说，这是另一种情绪。而当我产生愤怒的念头，我会说，这是一个念头。惊奇的是，不知怎么的，我不再完全深陷悲伤之中了。我只是观察它，然后看看接下来会发生什么事，还会体验到什么事。这就像，"好吧，我有了这种情绪"——很好。"又有了其他情绪"——这也不错。

这就像沿着内心的小路兜风，欣赏沿途的风景。这儿有棵树，那儿有块大石头。你知道我说的意思了吗？观察而不是完全深陷其中。

正念式活动

正念——观察每时每刻的能力——它不单是指观察你的内心体验。你还可以通过每天做的日常活动来学习这种能力。专心致志地完成以下这些任务，而不要像往常那样三心二意。请看以下部分示例：

●正念式洗碗：留意温暖的水，滑腻的肥皂，碗碟器皿坚硬的边缘，水龙头流水的声音。

●正念式走路（也许是在上下班的路上）：留意脚步的力度（也许数一数步数）；双手的摆动；双脚轮流跨步时的平衡感；

看到的景象，听到的声音和嗅到的气味。

•正念式园艺：留意土壤凉爽的感觉，用力拽出杂草的感觉，猛力把铲子插进土壤的感觉，花的气味。

•正念式洗澡或淋浴：留意水的声音和触感，滑腻的香皂，水喷洒在你身体不同部位时那种飘忽不定的感觉。

•正念式进食（从点心或便餐开始）：留意食物的质感和温度，气味和味道，拿起叉子或勺子时的感觉。

•正念式喝饮料：留意口中饮料的温度、黏度、气味和味道，饮料进入喉咙和胃部的感觉，留意玻璃杯或茶杯的质地和重量。

当然，正念式活动练习的目标是让你把注意力停留在感官体验上。如果有其他念头冒出或其他隐秘的事情发生，请你在注意它们的时候，把注意力转回到你的五种感官上来。

每天做一次或多次的正念式活动，能够增强自我观察能力。它帮助你学会注意每时每刻的体验，接纳体验本来的样子，而无须加以评判。我们建议这个礼拜或下个礼拜开始做一到两项正念式活动，并安排在一个特定的时段来做这些活动。之后每周增加一项新的活动，直到你每天都做四到五项正念式活动。需要注意的是，你不需要花大量的时间去做这些活动。相反，它们只是给你提供了一个活在当下的片刻时机。

■**示例**

我叫琳达，四十岁，是个幼儿园老师。我曾经怀疑正念对我来说是否有任何价值。于是我选择正念式喝饮料作为我的第一个活动，用早晨喝咖啡来完成这个练习。我最初只是握着杯子，体验它在我手中的温暖。然后，我的脸感觉到了从咖啡里冒出来的水蒸气，注意到了咖啡的香味。当我开始喝咖啡时，我体验着每抿一口咖啡的感觉——嘴中那突然而至的热气和苦味。

有时我会分心，开始去想我今天必须要做的事。我意识到我神游了，于是又把注意力转移到气味和味道上。事实上，当我全神贯注地喝咖啡时，我更加乐在其中。

在第二周，我增加了正念式淋浴的活动，并且试着正念式走路，穿过六条街道，走到火车站。所以我在早上做这三项正念式活动，那时，我看到了自己的改变。我更加宁静，同时变得更加敏锐。我的心安静下来，却对自己的感觉和行为格外敏感。我感到自己觉醒了。

练习 6.3　正念式谈话

在最后一项正念练习里，我们希望你能够开始观察具体的谈话。选择一段你想每天做正念式观察的谈话。最简单的方式

就是在早上作出选择——在你考虑接下来的十二个小时内可能
会遇到谁之后。在此阶段，你不要去选择那些交往起来不愉快
的人或那些也许会让你感到烦躁的交往活动。我们将在下一章
处理此类情况。

以下是正念式谈话的准则。在进行交谈时，尝试注意以下
内容：

- 你的念头（包括对他人的评判和臆断）
- 你的情绪（喜乐、悲伤、无聊、恼怒等）
- 他人的语气、姿势和面部表情

正念式谈话的目标是去观察你与他人之间的界限或交集
点。你的念头和情绪属于你。它们是反应，而不是事实。它们
只是你的体验。事实是你所观察到的是谈话对象的语气、姿势、
面部表情和他们的遣词造句。而你解读他或她的话语、语气、
表情和姿势的方式就是你的念头。你的念头并非真实不虚，也
未必是准确的；它们存在于你的脑海中。

每天，你在经历过几次正念式谈话后，把你通过感官观察
到的事物与私自体验到的念头和情绪区分开来。了解你耳闻目
睹的内容与你所思所感的内容之间的区别，将显著地改变你对
他人作出反应的方式。后面会更加详细地谈到这点。

■示例

我叫丽贝卡，四十八岁，在零售店工作。我总是忍不住向家人发火。我尝试着做了为期一周的正念式谈话后，出现了如下情况：我避免与那些令人不快的人进行正念式谈话，但是即便如此，我还是会被激怒，并注意到自己老是冒出许多关于别人做得不对的念头。我对他人的言行举止有许多评判。与此同时，我还注意到，人们在微笑，用友善的语调谈话，单纯地就某些人或与某些人瞎聊。

我感到我的内心活动和与其他人交谈的实际行为之间有天壤之别。就像有两场截然不同的谈话——一场是他们的谈论，一场是我脑海中进行的谈论。用这种方式进行为期一周的正念式谈话之后，我现在意识到，这种情况会经常出现。

第 7 章

正念地观察你的人际关系

现在，是时候运用正念技巧去观察你有问题的人际关系了。改变你的行为和反应模式的关键在于全身心地去察觉图式被触发的时刻。如果你能在被痛苦吞噬、失控之前准确地发现它产生的时刻，并意识到你可以用新的方式作出回应，那么你就能改变你的行为模式。

触发图式的人际互动行为

首先要检查你目前的人际关系并识别出触发不良图式的人际互动行为。在下列人际关系触发因子工作表中，请列出那些使你陷入图式痛苦的人和他们触发图式的行为。

练习 7.1 人际关系触发因子工作表

在使用这个工作表时，首先要列出所有触发你强烈情绪反应的人。想想你生活中的不同领域：工作、家庭、社区、自我私人领域等。任何一个使你产生羞耻、愤怒、愧疚、恐惧或悲伤情绪的人都可能触发你的图式，应该在第一栏"触发人"中被列出来。别省着格子，而是表格中的这些人，越多越好。

现在，在右边一栏，列出这些人所做的那些触发你的图式的事情。哪些行为实际上冒犯了你或让你感到烦心？列出你所能想到的每一种触发图式的行为，并且注意有些人触发你的图式痛苦的行为并不止一种。

人际关系触发因子工作表

触发人	触发行为
1.	
2.	
3.	
4.	
5.	
6.	
7.	

■**示例**

我叫玛姬，四十三岁。我在努力摆脱经常被触发的遗弃／不稳定和缺陷／羞耻图式。以下是我填写的人际关系触发因子工作表的情况：

触发人	触发行为
1. 男友	当他看起来冷漠时；当他开始忙碌，没空安排相聚的时间时；当他因某事发火时；当他批评我的育儿方式或我的生活方式时。
2. 母亲	当她批评我的生活方式时；当她在我们谈话时看起来心不在焉或索然无趣时。
3. 前夫	当他在电话里显得冷冰冰或冷淡时；当他批评我关于养育儿子所作的决定时。

续表

4. 儿子（13 岁）	当他忽视我，在他自己的房间闭门不出时；当我邀请他做某事，他拒绝我时；当他对我作出的规定和持家的方式发火时。
5. 校长（老板）	当她批评我的教学计划时；她在每月例会上指出我的问题时。
6. 父母（学生的家长）	当他们抱怨家庭作业、评分、课堂问题等时。
7. 朋友	当她不回我的电话，批评我的育儿方式时（说我儿子已经无法无天了）；当她迟到时；当她提及要搬到国外住时。

玛姬需要在这些触发图式的场合里锻炼她的观察能力。在图式的旧伤疤被上述的每一个人触痛时，她需要保持警觉。在某种程度上，这涉及未雨绸缪，对交往中令她感到不快的人做周全的安排。

•记得观察她每周打电话给母亲时发生了什么事。

•儿子周末在前夫那儿度过，把儿子从前夫那儿接回来时要保持警觉。

•在家长会上注意观察她自己的反应。

•在校长开每月例会时，观察自己的反应。

■示例

我所列出的场合里的每一个人都能让我抓狂。那些批评之词，那种没人关心自己的感觉，那种害怕某人准备遗弃我的心情，通通戳到了我的痛处。然后对此作出回应。我变得愤怒或退缩。或就我儿子来说，我想方设法去讨好他。

鉴于上述所有的回应方式都劳而无功，所以我未雨绸缪，每天都利用人际关系触发因子工作表来做好计划。我今天必须要与谁打交道？这个人对我来说是个难缠的角色吗？然后，当我看到这个人时，我会努力保持警觉，防止图式的开关被触发。

观察所发生的事情

当你的图式痛苦被触发，而你发现自己开始作出反应时，请试着做这样一件事：观察；不要行动。换句话说，观察正在进行的内心活动，试着不要陷入到图式应对行为的泥沼。以下是需要去观察的事情：

•注意你基于图式的感觉——情绪是如何起伏变化，时而转换成另一种感觉的（比如：受伤转换成愤怒）。

•注意你的念头——观察念头的起起灭灭，并试着不要过于执拗于其中任何一个念头。

•注意你的身体感受——感觉激动或紧张等。

•注意冲动——急切地想要有所行动，从而在某种程度上回避图式痛苦。通常，这就是你的图式应对行为。

●注意你有一个选择。你可以重新用你惯常的方式去应对——或者不用。

有采取行动的冲动并非要求你去付诸行动。运用图式应对行为的冲动和真正采取行动是有区别的。一旦冲动行事的念头从你的脑海中冒出来，请你努力地意识到自己有可能作出一个现实的选择：是否根据身心的冲动来采取行动。

从你的观察中学习

坚持撰写图式触发事件的日记有助于你发现图式痛苦的如下四个组成部分：

●图式情绪

●图式相关念头

●身体感受

●图式驱动的冲动

日记能使你在事件发生后，提高对体验的各个部分的理解和区分能力。更重要的是，你从日记里学到的东西能使你的观察力愈加敏锐。这是因为你会知道自己需要什么。你会更容易意识到作出选择的时刻——那个你可以决定不去根据图式驱动的冲动来行事的时刻。

练习 7.2　人际关系体验日记

在每个图式触发事件发生之后，请你尽快填写人际关系体验日记。请确保当天填写完毕。务必记录下你是否受图式驱动而冲动地行事了。

人际关系体验日记

事件：＿＿＿＿＿＿＿＿＿＿＿＿＿＿＿＿＿＿＿＿

　　●图式情绪：＿＿＿＿＿＿＿＿＿＿＿＿＿＿＿

　　●图式相关念头：＿＿＿＿＿＿＿＿＿＿＿＿＿

　　●身体感受：＿＿＿＿＿＿＿＿＿＿＿＿＿＿＿

　　●图式驱动的冲动：＿＿＿＿＿＿＿＿＿＿＿＿

在一个选项上画圈：　　冲动行事了　　　　没有冲动行事

结果：＿＿＿＿＿＿＿＿＿＿＿＿＿＿＿＿＿＿＿＿

事件：＿＿＿＿＿＿＿＿＿＿＿＿＿＿＿＿＿＿＿＿

　　●图式情绪：＿＿＿＿＿＿＿＿＿＿＿＿＿＿＿

　　●图式相关念头：＿＿＿＿＿＿＿＿＿＿＿＿＿

　　●身体感受：＿＿＿＿＿＿＿＿＿＿＿＿＿＿＿

　　●图式驱动的冲动：＿＿＿＿＿＿＿＿＿＿＿＿

在一个选项上画圈： 冲动行事了 没有冲动行事

结果：_____

事件：_____

　　●图式情绪：_____

　　●图式相关念头：_____

　　●身体感受：_____

　　●图式驱动的冲动：_____

在一个选项上画圈： 冲动行事了 没有冲动行事

结果：_____

事件：_____

　　●图式情绪：_____

　　●图式相关念头：_____

　　●身体感受：_____

　　●图式驱动的冲动：_____

在一个选项上画圈： 冲动行事了 没有冲动行事

结果：_____

事件：_____

●图式情绪：_____

●图式相关念头：_____

●身体感受：_____

●图式驱动的冲动：_____

在一个选项上画圈：　　　冲动行事了　　　　　没有冲动行事

结果：_____

事件：_____

●图式情绪：_____

●图式相关念头：_____

●身体感受：_____

●图式驱动的冲动：_____

在一个选项上画圈：　　　冲动行事了　　　　　没有冲动行事

结果：_____

当你按照图式驱动的冲动来行事（采用图式应对行为）时，你的人际关系就会受到影响——有时会因此而破裂或丧失。如你所了解的那样，图式应对行为暂时减轻了你的图式痛苦。但是，久而久之，它们会导致你与对你重要的人之间产生冲突甚至疏离。所以，意识到作出选择的时刻是非常重要的。意识到你的冲动并有意识地作出一个决定，将会改变你的人际关系。

■示例

我叫杰里，是个警官，在一个大城市的警署里工作。我的图式包括不信任／虐待和苛刻标准／吹毛求疵。以下是我的人际关系体验日记的部分内容：

杰里的人际关系体验日记

事件：<u>巡警没能录下犯罪场景。</u>

- 图式情绪：<u>愤怒、焦虑</u>
- 图式相关念头：<u>他很笨或他很懒，没脑子，没用，</u>
  <u>丢失了大量的证据。</u>
- 身体感受：<u>肠胃紧张，全身发热</u>
- 图式驱动的冲动：<u>朝他大吼，说他不称职。</u>

在一个选项上画圈：　　冲动行事了　　（没有冲动行事）

事件：<u>妻子对我们的女儿大喊大叫，女儿非常生气，妻子</u>
　　　<u>要求我去管教女儿。</u>

- 图式情绪：<u>愤怒</u>
- 图式相关念头：<u>她（妻子）在害我。她捅了马蜂窝，</u>
  <u>却想让我来收拾烂摊子。真是见鬼。</u>

●身体感受：<u>感觉发热，绷紧</u>

●图式驱动的冲动：<u>朝她嚷嚷，让她自己去收拾烂摊子；</u>

<u>别把麻烦推到我的头上。我可不想</u>

<u>像她那样，把和女儿的关系闹僵。</u>

在一个选项上画圈： （冲动行事了）　　　　没有冲动行事

结果：<u>和妻子大吵了一架，女儿离家出走。</u>

事件：<u>哥哥要求我为父母的银婚纪念派对支付一半的账单。</u>

●图式情绪：<u>愤怒、厌恶</u>

●图式相关念头：<u>他欠下一屁股债，想把我也牵扯进去；</u>

<u>想讹诈我。他知道我根本负担不起。</u>

●身体感受：<u>发热、感到沉重</u>

●图式驱动的冲动：<u>我打算告诉他我不会去参加派对，</u>

<u>我也不会付钱；这完全是瞎扯，</u>

<u>让他自己见鬼去吧。</u>

在一个选项上画圈： （冲动行事了）　　　　没有冲动行事

结果：<u>派对取消；我们不再搭理对方。</u>

事件：<u>母亲打电话来说派对的事儿，说我让爸爸失望了。</u>

●图式情绪：愧疚、愤怒

●图式相关念头：我搞砸了，我错了，我很坏。我要是被迫支付了这笔荒唐的庞大开销，那真是该死了——她可以自己付钱去办这该死的派对。

●身体感受：恶心、差点吐了、肠胃紧张

●图式驱动的冲动：告诉她让她自己付钱

在一个选项上画圈：　　冲动行事了　　（没有冲动行事）

当有人违反了我的标准或我感到自己被人占了便宜时，我的触发因子易被触发。我总是有生气的冲动。我有一半的时间能抑制住这种冲动，但往往是在我需要彬彬有礼的场合。而同我妻子和哥哥相处时，我有许多烦恼。莫名其妙地，我就是口无遮拦，想到什么就说什么。

通过回忆来进行观察

你也许已经发现，提升观察技巧并非朝夕之功。首先，当你感到心烦时，你很容易忘记要观察自己的反应。对自己进行观察的决心已被抛到九霄云外。此外，图式驱动的冲动来势汹汹，淹没了你决心作出选择的承诺。当出现这种情况时，请你不要灰心丧气。随着时间的流逝，你正念地观察触发时刻的能力会逐渐提高。

现在，你可以做些事来提升自己的观察技巧。在以下的练习中，你要在脑海里想象一个近期触发图式的事件，然后在回忆里观察发生的所有事。选择一次让你心烦意乱的遭遇。以下的练习脚本将鼓励你去看，去听，去感受发生的所有事。在做这项练习时，你可以录下这一脚本，或边阅读边做练习。这项练习会使你酝酿情绪，从而切切实实地观察到一些东西。

练习 7.3 练习通过回忆来进行观察

以舒适的姿势待在一个安静的地方，闭上你的双眼。

深呼吸，放松你身上任何一个紧绷的部位……再深呼吸……现在回到一个近期让你感到心烦和图式被触发的场景……当你脑海中浮现那个场景时，试着观察你身处何处；仔细察看场景和环境里的每一个细节……观察谁在那儿，他（她）在做什么……聆听他（她）在说什么，声音的语气，言词的感觉……留意你所处环境的气温……你可以触摸到的任何东西的质地或感觉。

随着场景在你脑海中浮现，聆听别人所说的话语，你逐渐酝酿自己的情绪。专心观察和聆听，直到你所酝酿的情绪变得足够强烈，到可以被观察到的程度……在你观察这种情绪的时候，看看自己能否给它命名。将这种情绪描述为某个类别……如果观察到更多的情绪，请你试着也给它们命名。

现在请你注意任何会冒出来的念头……随着这个场景而产生的念头是什么？随着这种情绪而产生的念头是什么？

留心体会你身体的感觉。随着情绪而产生的感受是什么？注意你的脸、头……手臂……胸部和腹部……腿等部位的感觉。

现在请你仔细观察图式驱动的冲动。这种情绪促使你干什么？促使你说什么？……注意这种冲动的力量，它们在你体内变得愈发强烈时发生了什么事？……注意你是如何回应的。你是感觉到有选择的余地呢？抑或是被情绪裹挟，陷入图式应对行为的模式呢？

在这项练习的最后，请你在人际关系体验日记中记下你的情绪、念头、感受和冲动。将它们写下来，就如你记录任何一个图式触发事件那样。

我们鼓励你做四到五次"通过回忆观察"练习。在你的日记里写下每次体验的成果。每次做这项练习的时候，你都会更习惯于观察你的图式触发的反应。你对以往的图式触发的体验观察越多，你就会越有效地观察日后生活中的图式触发因子。

作出选择的时刻变得越来越清晰，从而使你可以真正改变你的
人际关系。

在未来的一周，你可能会有很多时机去观察你的图式情绪、
念头和冲动。如果你全神贯注地去观察这些体验，你会发现观
察时刻偶尔会异常清晰——而有时则是由于过于专心而忘记周
遭的一切，这两种情况相互交织。这是正常的情况。因为改变
回应方式这种能力并非一蹴而就的过程。相反，它是一个循序
渐进的过程——前进两步，后退一步——随着你在人际关系中
作出选择而进行演化。

你还记得天空和天气的类比吗？你将学会观察天气从你的
天空翻卷而过。这一章节的正念技能会逐渐给你带来如下两个
益处：（1）给你更多的机会去选择进行观察而非采取行动；
（2）帮助你成为天空——容纳你的体验而不是你受体验驱使。

你不再是那个原来的你——感到无能为力，被迫去回应所
有的图式触发事件。相反，你能够比较超然地观察人们触发你
的图式，观察你的情绪和冲动，而依然感到有选择的余地。
情绪不再主宰你的行为；你——那个决定生活中孰重孰轻的
人——选择你将要做的事。

第 8 章

价值观

到目前为止，你已经知道自己的不良人际交往图式和它们导致的痛苦情绪，你的念头和情绪如何在不同的人际场合里产生，以及这些消极的念头和情绪如何反复导致同样的冲动行为。

你可能开始注意到选择的时刻。例如，某人的批评使你感到自己很糟糕，这时需要你作出选择——是大发雷霆还是另择良策。过去熟悉的感觉不断产生，你有一种想要退缩、攻击、转移注意力的冲动，或诉诸曾经采用的任一种图式应对行为——你再也不想采取的行为。

你也许注意到，发誓"再也不会做某件事"是不够的。这种无所作为的做法往往都以失败而告终。你需要计划一个替代行为——用你可以付诸实践的积极行为来替代你之前的应对他人的方式。这便是本章要讲的内容：制订计划，以期切实、成功地改变你的行为模式。

人际关系的核心价值观

要想成功地改变行为，首先就要明确你的人际关系价值观。在你与父母、伴侣、子女、朋友、老板的关系中，最重要的是什么？你的图式也许会告诉你，最重要的是一直做正确的事或免遭批评，但是深究下去，你更好的自我有其他更加积极和强

大的价值观，例如诚实、爱或尊重。这些基本价值观是成功地
改变行为的动力。

为了揭示和明确你的人际关系的核心价值观，你将探究以
下六个领域：

- 工作关系
- 友情
- 家庭
- 育儿
- 伴侣关系
- 社区关系

价值观是你生命中认定事物、辩明是非的思维方式或取向，
而非想要达成的具体目标。例如，你也许想要你的女儿考取驾
照，这是一个目标。而潜在的价值观是你致力于支持你的女儿
成为一个更加独立的人。或许你想要帮一个朋友粉刷她／他的
厨房。这是一个可以完成的目标，然后你也完成了，这里面的
价值观是成为一个可以让朋友依靠你的帮助的人。这种价值观
长期存在，给你指明了方向，并始终如一地贯穿你的一生。个
体的目标——去机场接你以前的大学室友，把车借给朋友，去
听朋友讲授的一门无聊的课等，不一而足，此类目标就像沿路
的里程碑或路标，指明你走在正确的道路上。

练习 8.1 价值观领域工作表

针对每个领域，运用以下量表评出其对你的重要程度：

0——不重要

1——有点重要

2——非常重要

然后在下一栏写下你在每个相应领域的价值观。用你自己的话来描述你想与你生活里的人相处的方式。

最后，写下你的行为意图。这是你会做的具体行为，这种行为由你的价值观驱动，并会体现你的价值观。行为意图有助于你更好地成为你想在那段关系里面成为的人，或能让你的人际关系朝着你珍视的方向发展。

价值观领域工作表

领　域	重要程度 0~2	价值观	行为意图
工作关系			
友情			
家庭			
育儿			
伴侣关系			
社区关系			

■示例

我是丽贝卡，三十六岁，在一家大型资产管理公司做行政助理。我六年前结婚，但是现在离婚了，目前正和一个比我小一点的男士约会。我没有孩子。以下是我填写我的价值观领域工作表的情况：

瑞贝卡的价值观领域工作表

领　域	重要程度 0~2	价值观	行为意图
工作关系	2	给予诚实（而不是心怀恶意）的反馈。 支持同事的创造力。	诚实而温婉地说出对于我们新的软件项目的想法。 认真考虑每一个新点子，找出其积极面予以表扬。
友情	2	做一个充满爱心朋友。	每周至少与朋友联系一次，而不是不和朋友联系。
家庭	1	当一个爱意绵绵、支持父母的女儿。	每次和妈妈通电话时，赞美她为我所做的值得感激的事，而不是专注于我希望妈妈是什么样的。
育儿	0		
伴侣关系	2	当一个情真意切、支持另一半的女友。	每天找出他的一个优点，并大声告诉他，而不是专注于批评他。
社区关系	1	帮助社区里的孩子。	申请成为"老大姐"，坚持参加培训。

我的所有价值观都集中在爱护、关心、支持他人上。但是往往我都没有将它们付诸行动。我过于挑剔和消极，喜欢寻找

他人本身或想法上的毛病。所以你会注意到我对于行为意图的描述大多都用了"而不是"。我试图提醒自己，当我感到我妈妈或我男友大卫很愚蠢和不理智时，我没必要去说三道四或讽刺挖苦。我可以选择遵照我内心深处的价值观去行动，做些更加关心、支持他们的事，或说些更加贴心和鼓励的话语。这项练习让我有恍然大悟的感觉。

■示例

我叫凯尔，三十二岁。我有两个孩子，一个八岁，一个六岁；我的妻子去年离我而去；我困在一份没前途的工作里不得动弹。你可以看到以下我的工作表的填写情况：

凯尔的价值观领域工作表

领　域	重要程度 0~2	价值观	行为意图
工作关系	1	可靠，诚实	不请病假；勤勉工作，对得起自己的工资。
友情	2	信赖	把欠约翰尼的钱还给他，或者为他做事来予以补偿。
家庭	0		
育儿	2	当一个稳重的、值得依靠的父亲。	在孩子和我一起度过的周末里，计划有趣的和适合孩子玩的活动。
伴侣关系	1	和妻子贝姬以及她的家人保持朋友关系。	按时支付抚养费，帮助维修房子。
社区关系	1	当一个对社会有用的和反哺社会的人。	帮助学校的募捐活动及春游活动。

可以说，我的价值观非常正确，但我并没有完全将它们付
诸行动。我更像是在依照自己的情绪来行动，感觉自己哪儿不
对劲。这种感觉妨碍我按时上班，也妨碍我支付孩子的抚养费
或与孩子一起做些有趣的事。写下行为意图让我明白，一个有
这些价值观的人应该如何去行动。

基于价值观的行为和图式应对行为

你的行为意图可以变成基于价值观的行为，最终代替你以
往用来逃避困扰的人际关系场合的图式应对行为。这样一来，
你的行为能够促进和改善你的人际关系，而不是破坏它们。

练习 8.2　新意图工作表

回顾第4章中你的图式应对行为工作表里的图式应对行为。
在以下表格的第一栏和第二栏里填写你在不同领域里的图式应
对行为。然后在最后两栏里总结你的价值观和那些可以取代以
往图式应对行为的新行为的意图。

新的意图工作表

关　系	以往的图式应对行为	价值观	意　图

■示例

大家好，我是安妮，四十一岁，是个税务会计师。针对我以往与母亲及她的家人相处时的行为表现，我用了新意图工作表来弄清楚可以替代的行为。以下是我填写表格的情况：

新意图工作表

关　系	以往的图式应对行为	价值观	意　图
母亲	攻击	关爱	解释说，她伤害了我；以柔和的语气设定界线。
母亲的家庭	退缩	保持亲近的关系	对人们抱以兴趣——加入谈话，询问关于人们自身的事。

在下一章，你将会学习到如何培养去体验图式痛苦的意愿，从而把你的价值观付诸行动。

第 9 章

意　愿

在本章中，你将开始用新的基于价值观的行为来代替你以往的某些图式应对行为。你将尝试你的新行为并记录自己的进展。好消息是，你应该会看到自己有问题的人际关系逐渐得到改善。

坏消息是，当你停止遵照你的图式来行事时，你旨在逃避的图式带来的痛苦感可能会无可避免地出现。你也许会体验到些许焦虑、抑郁、愤怒等，而正是此类感觉最初导致你发展出图式应对行为。

没有任何一种方法可以让你逃脱或完全根除此类痛苦感觉。如果你想要遵照你的价值观来生活，那么唯一的选择就是接纳此类感觉，并且愿意去体验它们。这就是这一章节之所以被称为"意愿"的原因。

每周评估你的进展

坚持记录你基于价值观的意图是很重要的。即使当你面对艰难的图式情绪，它也能激励你。

练习 9.1　价值观指南针

下面是一个评估你的进展的好办法。回顾前一章中你的行

为意图，并在本周遵照这些意图行事。本周结束时，把以下的
六个圆圈想象成指南针，箭头指向你的价值观而不是北方。

在以下表示每一个生活领域的指南针里，画一个箭头来表
示你离价值观的方向有多近。

工作关系	价值观 ⊙
友情	价值观 ⊙
家庭	价值观 ⊙
育儿	价值观 ⊙
伴侣关系	价值观 ⊙
社区关系	价值观 ⊙

比如，在你和父母的关系里，你做到了所有你打算做的事，
那么你要在指南针里画一个直接指向价值观的箭头。如果你所有
能够遵照意图行事的机会都被你浪费掉了，那么你所画的箭头要
与价值观的方向完全相反，垂直向下。如果你有 50% 的概率成
功地做到了打算做的事，那么你所画的箭头要指向右边或左边。

家庭	价值观 ↕
家庭	价值观 ↓
家庭	价值观 →

■示例

嗨，又是我，丽贝卡。第一周，我尝试把我的价值观付诸行动，但是我在根据自己善意而行事的过程中遇上了麻烦。每天我都发誓要在我和大卫的关系里表现得积极，肯定他的表现，但是我往往又像以前那样去对他吹毛求疵。星期二，他穿着有污渍的衣服和我以及我的母亲外出吃晚饭，我因此火冒三丈，骂了他一顿。而这本来是一个我对他表示感激的好机会，因为他为了和我们一起外出用餐而错过了电视直播的篮球赛。星期四，我的表现稍微好了点，我告诉他我非常感激他在我们的花园里热心劳作，即使我认为他挖的蔬菜苗床还不够深。但是星期五的时候，他抱怨我的工作进度安排，让我感觉自己很失败，于是我又像以前那样通过指责他来进行自我保护。

我注意到同样是失败和难堪的感觉妨碍了我去赞许大卫。

我想我的母亲能够看出他是个乳臭未干的笨蛋，我觉得我们整个后院都会糟糕透顶。总之，我这周的"伴侣"指南针是像下面这样的：

伴侣关系	价值观

练习 9.2 每周评定等级

如果像指南针那样的评估表对你没有吸引力，那么你可以简单地用从 0 到 10 的评分表来坚持记录你根据价值观而采取行动的进展，0 代表你没有取得任何进展，10 代表你每次都成功地抓住机会，将价值观付诸行动。

领　域	0—10 等级评定
工作关系	
友情	
家庭	
育儿	
伴侣关系	
社区关系	

承诺与障碍

你的行为意图是你对自己的承诺，去做对你来说要紧的事，去成为在你的人际关系里想成为的人。对你价值观的承诺与对你爱的人的承诺同样神圣。"我要做_____，因为这很重要，因为我以往的图式应对行为正在损害我的关系，而我不想再像这样生活了。"

将此承诺与他人分享会有所助益。告诉你的朋友和你爱的人、你的治疗师，甚至你的同事（如果合适的话）。作出一个正式的和公开的承诺能够增强你承诺的力量，并且会提高你成功的概率。

在你努力履行对自己的承诺的时候，你有可能会面临一些障碍。这些障碍可能主要是情绪上的，就像丽贝卡失败和难堪的感觉会妨碍她赞许男友那样；或者，这些障碍也可能是认知上的，比如，会想到改变的困难或过去的失败。

■示例

我叫露丝，二十三岁。我的意图是最终要告诉我的朋友贾尼斯，我把上学期电脑绘图课上她的一些成果占为己有了。我的障碍是某些非常强烈的糟糕的情绪。我为偷窃了她的点子而感到羞耻，并且为我没有马上认错而感到更加愧疚。接着，我感到自己就是不如贾尼斯聪明或勤奋，我觉得自己笨拙而且没创造力，又懒得去琢磨自己的点子。

■示例

我叫杰克，六十三岁。我退休时，我的意图是维持我的价值观——做我妻子琼称职的伴侣。我想要帮她做饭、打扫卫生、做家用预算。我的障碍主要是认知上的：我觉得自己垂垂老矣，已经学不会做老公的新技艺了。多年以来，我发誓每周至少做一顿饭或者把房子修修补补，但从来没有真正做到。琼多年来一直承担比她分内事更多的家务活儿，我真的怀疑自己是否有接管处理那些我天生不擅长或兴趣索然的事情的能力。

练习 9.3 评估障碍工作表

知己知彼，百战不殆。当你清晰地阐述并分析此类障碍时，它们更容易被你克服。请你运用以下的评估障碍工作表，来识别棘手的行为意图以及此类意图所伴随的障碍的性质。

评估障碍工作表

行为意图	情绪障碍	认知障碍
1.		

续表

行为意图	情绪障碍	认知障碍
2.		
3.		
4.		
5.		
6.		
7.		
8.		

■示例

大家好，又是我，丽贝卡。以下是针对我与同事和母亲的关系而填写的评估障碍工作表的情况。首先，我想象自己将如何执行每一个意图。我的脑海里完全浮现出执行意图时的场景并察觉到产生的感觉和念头。最后，我简单地描述了自己所学到的知识。

评估障碍工作表

行为意图	情绪障碍	认知障碍
1. 诚实且温和地说出我对我们新的软件项目的想法。	害怕改变和失败	现在更安全的做法是反对这个项目，这样的话，假如它失败了，我就不会遭人责备。这个项目太愚蠢了。
2. 认真考虑同事的点子并且找出某些积极面予以表扬。	羞耻、防卫、自卑	他们也许真的比我聪明。褒奖他们便是贬低我自己。
3. 不是专注于我希望她是怎么样的，而是在每一次通话里赞美她所做的让我感激的事。	愤恨	她很自私。她说的话让我感觉被羞辱了。

此类障碍，特别是情绪障碍，让我非常紧张。但是将它们写下来有助于我认识到，正是我自己的消极情绪阻止我向前，妨碍我用有意义的方式与母亲或同事建立联结。不是我母亲或同事妨碍了我，而是我画地为牢，作茧自缚。

认知障碍通常是关于危险的评判或"假使……将会怎么样"这一类的念头。丽贝卡的认知障碍包括了这两种，它们增强了她的恐惧的和愤恨的感觉，并且——让障碍变得如此难以逾越的是——丽贝卡的念头对她的情绪刺激越多，她就越难以遵照自己的价值观行事。

练习 9.4 巴士上的怪物

斯蒂文·海斯，接纳承诺疗法的创造者，喜欢用巴士这个隐喻来阐明障碍如何阻碍承诺的行动（Hayes，Strosahl，and Wilson1999；Hayes，2005）：

想象你正在驾驶一辆名叫"你的生活"的巴士。巴士车厢前面贴着一个标签，上面写着这辆车将开向何处。这个标签是价值观，比如"成为一个情深意重的人"或"言必行，行必果"。

当你将巴士转向你的价值观的方向时，障碍以痛苦的情绪和念头的形式出现。它们像怪物一样突然出现在你面前。你无法从它们周围绕行或碾过它们。你可以停下巴士，等待它们离开，这正是你每次都会做的事，因为痛苦的念头或情绪妨碍你去遵照价值观行事。遗憾的是，这些怪物不会走开，所以你的巴士在路边抛锚了。

设想你的巴士并未停止，而是驶离了怪物／障碍？你朝一个不同的方向驾驶，远离你的价值观的方向。你朝图式应对行为的领地进发，而在这里，你只在乎阻止痛苦的念头和情绪。但图式应对行为本身就能制造痛苦，从而破坏并摧毁了你的人际关系。

解决方案是什么呢？你必须让怪物上车并且一路带着它们。它们会继续试图制造麻烦，在车厢后面朝你大喊大叫，说你走的这条路危机四伏、毛骨悚然、愚蠢透顶、坎坷不平，等等。它们会让你感到悲伤、恐惧或愤怒。这就是怪物会做的事，这就是它们的工作。你的工作就是遵照你所选择的方向来继续驾驶巴士。

承诺的行动要求你在践行价值观时，愿意去体验痛苦的情绪。你的价值观就是你的动力所在。请专注于张贴在巴士前面的目的地，这有助于你驶入正轨，而无论怪物做了什么或者让你多么不爽。

■示例

嗨，又是我，丽贝卡。我想象我在工作，开着一辆名叫"我的生活"的巴士，而目的地是"要变得更加真诚，更加支持我的同事"这个价值观。在一次关于新软件项目的专门会议上，我的意图是温和而坦诚地解释我的担忧，而不再像往常那样苛刻地诋毁他人的创意。

不管怎样，第一个突然冒出的怪物是我担心自己看起来愚蠢或者无能。如果我承认新软件的某些特点挺不错，那些支持新软件的人有某些很好的点子，那么我可能显得不如他们聪明和不如他们有创意。

这已经够糟糕了，但是接着第二个怪物冒了出来：不信任和怀疑。我感觉公司的这些人全部会踩着我爬上顶端，这是一场你死我活的斗争，如果我稍稍卸下我的防御，我最终会被解雇，而靠捡垃圾度过余生。

第三个怪物是最糟糕的：我觉得不只是职业上的竞争使得他人与我作对。我觉得他们并不喜欢我，而我也看他们不顺眼。我可以看到将会发生的事。这三个怪物会让我的巴士在路边熄火抛锚。或更糟的是，我会将巴士驶向图式应对行为的方向。我会开始像往常那样进行防御，极尽诽谤、挖苦、贬低之能事，反对他人的创意。我能通过当前的会议预测将来的情况——他们最终会解雇我，因为比起与我打持久战，这样更省事。

在会议期间，我比平时更加安静——当我发言时，与以往相比，少了一些消极言辞，而多了一些积极用语。顺着隐喻的意思讲，我让怪物们上了巴士。我缓慢地驾驶着巴士，朝着诚实和支持而非批评和反对这个目标行驶。车厢后面的怪物一直在尖叫着：你会成为失败者，你会被炒鱿鱼，人们不喜欢你，他们会伤害你。说实话，我能够感到恐惧。

最终，我能够更快地让怪物上车，车子陷在沟里的时间变短了。我意识到，如果我带着它们，我能够将巴士驶向我想去的地方。

丽贝卡工作上的场景是一个极好的例子，体现了接纳承诺疗法中的一个重要主题：遵照价值观来生活的时候，你在逃避痛苦与直面痛苦之间进行抉择。你在生活中会遇到痛苦的感觉，这是一个不争的事实。不过，你可以带着痛苦的感觉而裹足不前，或者，你能够一面带着它们，一面遵照你的核心价值观来追求自己的目标。

■示例

我叫珍妮，三十七岁。当我想到我的巴士时，我看到了车厢前的标签"同情并宽恕"。我想要将巴士驶向与我的父亲和继姐西尔维娅（Sylvia）和解的方向。我的爸爸在我十九岁的时候离开了我们，我的妈妈再嫁后，我有了一个新的继姐，我与她从未和睦相处。现在我们更加年长了，家庭对我来说更重要了，我想要和父亲及西尔维娅建立良好的关系。但是我确实遇到了突然在巴士前面冒出的怪物。这些怪物说了如下的话：爸爸本应该关心你，但是却从来没有关心你，那你现在理他干什么？西尔维娅是个卑鄙的坏女人，你不能相信她。如果你对她掏心掏肺的话，她会以某种方式占你便宜。当我听从了这些怪物的话时，我的巴士偏离了正确的方向。我躲避我的家人——我不回他们的电话和电子邮件。我埋头工作，与狗相依为命，借酒消愁，以此来逃避他们。现在我打算让这些怪物上车。尽管我不得不听着那些关于以往的愤恨、思念和愤怒的消息，但是我依然驾驶我的巴士笔直前行。

前行路上的注意事项

每当你选择遵照你的价值观行事时，观察发生的事：

•观察并在心里默默标识那些迫使你想要避开遵照价值观行事的情绪障碍：恐惧、羞耻、悲伤、迷茫、愤怒等。

•同时也要观察认知障碍：关于危险性的念头和关于你自己或他人的评判。

●在遵照价值观行事的同时，尽可能地坚持愿意去体验会产生的任何念头和感觉。

●写下你的此类观察，如果这能够有助于你记住在遵照价值观行事的同时，也愿意去体验令人不适的感觉和念头。

第 10 章

解离：念头的观察、
标识和放下

在这一章，你将学会，当你试图去遵照真正的价值观来处理人际关系，而令人担忧的念头不可避免地产生时，你该如何去处理它们。当你不再让焦虑或愤怒来决定自己如何回应他人，而是让诸如信任或团体这类的价值观来掌控事态时，你以往的图式念头会毫无疑问地被触发。你会发现自己这样想：

这行不通；我做不到。

他不爱我。

她很自私，不关心我。

他们会看到我搞砸了。

我会被拒绝的。

所有人最后都会离我而去。

她会伤害我。

我什么也做不好。

如果我坦诚相见，他会心生厌恶。

这听起来熟悉吗？

图式驱动念头的类型

图式驱动念头一般分为如下三种类型：

预测：你通过水晶球看到了一个被恐惧和怀疑所笼罩的未

来。例如，玛乔丽预测，如果她向男友布莱恩坦言，她感觉和他做爱沉闷无趣和索然寡味，布莱恩会觉得她是个变态的怪物，会心生厌恶并离开她。拉乌尔一再拒绝叔叔乔治提供的一份更好的工作，预测自己会达不到他人的期望值，从而让自己的家人失望。谢莉每晚待在她的宿舍里，不去参加任何校园社交活动，因为她预测她会做出一些蠢事或说出一些蠢话，从而遭人耻笑。

回忆：你继续通过同一个水晶球回顾过去，看到了一个充斥着损失和失败的过去。例如，克莱尔总是尽快离开会议和其他活动，而不是逗留在那儿和别人聊天，因为在她的记忆里，这样的场合总是让她感到尴尬和张口结舌。拉里特别喜欢去健身房锻炼，但是从来不与健身房的其他人聊天，因为他总是回想起高中时期健身房更衣室的痛苦经历。贝蒂开始上队列舞的社区课，但是她放弃了这门课程，因为它让她想起了有关大学时期的交谊舞的太多事情，那时候她在舞会上总是感到自己很怪异和格格不入。

消极评判：你的水晶球在没有证据的情况下确切地告诉你，你或其他人是无能的、自私的、冷淡的，等等。例如，丹妮尔发现和她约会的每一个小伙子都有点毛病："太矮""太秃""太胖""太吵"。里奇厌恶自己的簿记工作，但是他不向其他公司求职，因为他认为第一家公司过于平凡和保守，第二家公司采用不健全的会计实务，而第三家公司竞争激烈，利欲熏心。克劳迪娅知道她应该向自己的孩子提供积极的反馈和无条件的爱，但是她不由自主地给他们贴上如下标签："愚蠢""懒惰""狡黠""顽固"。

你的头脑是如何运转的

念头会自发产生。你几乎控制不了它们的内容，也几乎无法控制它们出现的频率。不管你在做什么，图式念头会不时地冒出来。但是如果你想遵照最近澄清的价值观，用不同于以往的方式来处理你的人际关系，那么图式念头必然会冒出来——频繁并且生动地冒出来。例如，如果你的脑海中容易出现抛弃这一图式念头，并且你的新朋友取消了一次约会，那么这微不足道的拒绝必然会触发你之前的所有关于"人们会永远离开你"此类念头。

为了更好地察觉你的头脑是如何产生此类图式念头的，请把头脑比喻成现实世界里如下类似的物体或经历：

一台爆米花机：你的头脑像一台爆米花机那样运转，念头从这台机器里一粒接一粒地蹦出来（Hayes，Srosahl &

Wilson，1999）。有时候，一连串念头快速冒出来。有时候念头冒出的速度会慢一些，这儿冒出一个念头，那儿冒出一个念头，间隔以短暂的寂静。但是你的头脑从来不会彻底停止运作。你无法关闭头脑爆米花机的开关。你无法使它运转的速度慢下来，也无法使它的速度快起来。你的头脑一股脑儿地冒出念头来：啪啦，啪啦，一个接一个。这就是它的设计原理，这也是它的运转机制。

一个痴迷于拔河比赛的人：你的头脑喜欢玩拔河比赛的游戏（Hayes，et al.， 1999）。图式念头产生时，你的头脑就像把绳子的一端扔给了你，对你发起了拔河挑战。试图抵抗图式念头或与之争吵，就像抓住了绳子并开始往后拉。你越用力拉绳子，你的头脑就越用力回拉绳子。当你继续试图反驳图式念头或让它停住时，你的脚跟越陷越深，你越来越用力拉绳子，这使得你的头脑也越来越奋力往回拉——其表现形式是，你有更多的消极评判、更加糟糕的回忆和更加可怕的预测。

解决方案就是松手，停止拉绳子，把它丢掉。"控制"痛苦图式念头的方法是根本不去"控制"它们；你只需要放下它们，即便它们是最痛苦和最烦心的念头。每一个企图控制它们的举动都只是捡起了绳子，重新回到拔河的局面。当痛苦念头冒出来时，你必须要作出如何去回应的选择。以下是三个选项：

企图压抑或反驳念头，相信并赞同念头，或者在注意到它之后放下它。企图压抑或反驳念头就如同捡起了绳子，而注意到念头之后放下它就如同丢掉了绳子。

一名干劲十足的销售代表：想象你的念头是做一名销售代表（Vuille，2006）。日常的念头就像礼貌的销售员向你推荐你不在乎的东西，如果你兴趣索然，他们会悄然离开。另一方面，图式念头就像强行推销的干劲十足的销售代表，他们兜售吸引人的奢侈品。他们缠着你，不断试图怂恿你去买他手提箱中装满的产品。如果你说好吧，并开始注意这些产品，他们很快就会打开手提箱，把产品铺满你的整个客厅。如果你买了一件产品——相信了一种图式念头——这个销售代表就会突然有一大堆东西要卖给你。

这一隐喻表达了三个关键概念：第一，有些念头比别的念头更加令人信服。更令人信服的念头与你最老旧和最强大的关于自己和他人的消极图式紧密相连。它们像身着量身打造时装的模特、香甜可口的食物或闪亮的豪车那样吸引了你的注意力。尽管你买不起它们，它们也不太适合你，可是它们还是很有吸引力。第二，相信一种图式念头可能会触发整个相关的念头链，就如打开了干劲十足的销售代表的手提箱。第三，也是最重要的一点：这一隐喻提醒你，可以作出选择。相信图式念头这一行为不是无意识的。你可以相信它，或者不相信它。你可以深切关注并认真考虑图式念头，或者放下它们。认知解离是放下图式念头最有效的方式之一。

认知解离

认知解离是接纳承诺疗法的创始人斯蒂文·海斯创造的术语（Hayes，Strosahl & Wilson，1999）。他指出，人们与他们自己的消极念头"融为一体"了。他们过于牢固地执着于自己的念头，乃至认为它们"就是"自己的念头。斯蒂文开发了几项练习，教导人们如何从他们的念头中分离出来，让他们明白自己只是"拥有"这些念头，而非"成为"此类念头。

解离与佛教的观察和隔离念头的实践相关。许多解离练习类似于佛教的冥想实践，在此类实践中，你观察和标识扰人的念头，并放下它们。

认知解离由四种技能组成：

1. 观察念头
2. 标识念头
3. 放下念头
4. 隔离念头

本章，我们将提供各种练习和念头实验来帮助你提升那些构成认知解离的每一种技能。此类练习和念头实验是根据麦克凯等人（2011）和海斯等人（1999）的研究改编的。

观察练习

以下的两个练习都是纯粹的观察练习：你只用观察你的头脑中接二连三地冒出的念头。它们会开始向你展示，头脑如何像一个自动生产念头的机器那样运转。

练习 10.1　白色房间冥想

找一个五到十分钟内不会被打扰的安静场所。躺下或坐下，舒展你的手臂和双腿。闭上你的双眼，缓慢而平静地做几次深呼吸。

想象你在一个白色的房间里，其中没有任何家具或装饰品。你可以待在房间里的任何地方：天花板、地板或某个角落。但是无论你待在哪里，想象你的左边有一扇打开的门，你的右边也有一扇打开的门。门外漆黑一片，你看不到门外的任何东西。

现在想象你的念头从你左边的门进来，穿过你的视野，再从你右边的门出去。当你的念头穿过房间时，你可以把它们想象成一只飞翔的鸟儿、一头奔跑的野兽、一个笨拙的黑手党、一只气球、一片云彩或其他的东西。或者，你可以简单地对自己说："念头。"不要去分析或者探究你的念头。让每个念头在你的意识里稍息片刻，然后从你右手的门里出去。

也许你会感觉有些念头更加紧迫或更加引人注目，并且比别的念头逗留得更久。让它们往前走，从门里离开，给下一个念头腾出空间。在新的念头出现时，确保你已经放下了旧的念头；不过，如果旧的念头又出现了，也不要担心。很多念头往往会重复出现，造访你的白色房间的念头也不会例外。

继续花五到十分钟的时间做这项练习，然后提醒自己注意周围的实际环境，并睁开你的双眼。这项练习怎么样？你注意到自己的念头的步伐有所改变吗？念头的步伐最后是变慢了还是变快了？放开目前的念头给下一个念头腾出空间，这有多容易或有多艰难？

如果你对以上练习乐在其中，那么请坚持做这项练习，想做多频繁就做多频繁。或者继续前行，试着做"正念式聚焦"练习。

练习 10.2　正念式聚焦

这是佛教冥想练习的一个版本。找一个五到十分钟内不会被打扰的安静场所。躺下或坐下，舒展你的手臂和双腿。闭上你的双眼，缓慢而平静地做几次深呼吸。

在你继续缓慢地做深呼吸时，请留意你的呼吸。注意微凉的空气拂过你的喉咙后部，沿着你的气管进入你的肺部。留意你的肋骨扩张和收缩的感觉，注意你呼气时隔膜的收紧和舒张。继续观察你的呼吸，留意身体每一个部位的体验。

请你借着留意呼吸体验的机会，留意你的头脑在干什么。每当念头冒出时，标识它：有一个念头。然后把注意力转回到呼吸上。你只需呼吸，确认念头，然后重新注意呼吸。请记住，你不需要过于关注每一个念头。你的注意力应该不断转回到呼吸上。冥想专家指出，这样反复地重新集中注意力——从呼吸转到念头，再转回到呼吸——是冥想的精髓，是力量和功效的源泉。

继续花五到十分钟做这项练习，然后提醒自己注意周围的实际环境，睁开你的双眼。这项练习怎么样？你注意到自己念头的步伐有所改变吗？是不是有些念头比别的念头更难以放开？

请你在至少两周内，每天做五分钟正念式聚焦练习。当然，如果你乐在其中，你可以花更多的时间来做此类练习。在接下来的两周里，注意在你的人际关系里面，你的念头有没有变化？念头的强度、可信度或干扰程度有没有变化？

标识技巧

接下来的两项练习与其说是练习，倒不如说是技巧，因为这是根据你的需要来进行的快速演练。运用这些技巧，你可以开始给每一个念头命名。而这一过程会逐渐让你弄清楚两件事：其一，你的念头仅仅是念头而已，而不是你自己，也不是不言而喻的真相；其二，你的念头往往会一遍又一遍地重复同样的主题。

练习 10.3 "我有……这样一个念头"

这几个简单的字就像魔法。它们让你从你的念头里退一步思考，并与它们保持一定距离。这项练习是这样进行的：当你注意到你正在担心或沉思某事，用"我有这样一个念头"作为开头，在你脑海里重新表述每一个念头。

■示例

我叫托德，三十二岁。我特别担心我的女友琳达可能会离开我。然后我想到了"我有……这样一个念头"的技巧，所以，我开始这样重述我的念头：

我有这样一个念头，琳达准备离开我。某个晚上，我回家后——不，有这样一个念头，某个晚上我回家后，她离开了我。

我有这样一个念头，我会崩溃。我会开始借酒浇愁——我有这样一个念头，我会重新开始借酒浇愁并且心情会陷入谷底。我有这样一个念头，我会陷入暗无天日的谷底。我有这样一个念头，没有人会再爱我了。

我发现在句子里加上"我有这样……一个念头"这个短语，会让我的思维缓慢下来。这让我把自己的念头分成了更短的陈述句，使我看到了我至少有三个不同的念头冒出：我会变得多么地孤独，我会借酒浇愁，未来糟糕的人际关系。最重要的是，这个技巧提醒我，琳达还没有离开我。这都只是臆测，都只是我脑海里发生的灾难化的思维，而不是客观现实。

练习10.4 "现在我头脑中有……念头"

这种解离技巧采用标识来强调念头是头脑的产物，而不是先验的真理。练习这个技巧很简单。只用记住这个惯用语"现在我头脑中有这样一个念头……"，并且在你担心或者反复思考你的人际关系里的某些场景时，用它来描述所冒出的任何念头。巧妙的是，你可以稍微改变这一句式来给你的念头分类。你可以用这样的句式"现在我头脑中有……念头"。

■示例

我叫西莉亚，三十八岁。我采用"现在我头脑中……"这个句式来展开我的念头，我是这样重新表述的：

不招人喜欢。现在我头脑中有"我不招人喜欢"这样一个念头。现在我头脑中有"我有点毛病，我的意思是说，我有缺陷"这样一个念头。现在我头脑中有"我是一个性格有缺陷的人"这样一个念头。现在我头脑中有"总是这样"这个念头；我注定会失败，或更贴切地说，我头脑中有"我注定会失败"这样一个念头。

当我开始用这个句式时，我开始感到我的"自我"与我的念头之间有些距离。我明白了他们所说的"观察"你的念头而不是"成为"你的念头这句话的意思。当我能更加熟练地运用这项技巧时，我开始把我的念头像如下那样分类：

现在我头脑中有一个"我不招人喜欢"这个念头。我有点毛病——现在头脑中有一个评判性念头。残缺的——现在我头脑中有一个令人遗憾的念头。现在我头脑有一个悲观的念头。注定失败的——现在我头脑中有注定失败这个念头。

一旦你开始对自己的人际关系感到沮丧或焦虑，请记住你现在拥有此类标识技巧。你可以通过对此类抑郁或焦虑的念头进行转述或分类，从而使自己与它们解离开来。更多的例子如下：

图式念头	解离的念头
她恨我。	我有"她恨我"这个念头。
这永远没用。	我有"这永远没用"这个念头。
没希望了。为什么还折腾？	我头脑中有"没希望了"这个念头。
他们是混蛋。下地狱吧。	我头脑中有一个愤怒的念头。

放下练习

在以下的想象练习中，你通过许多意象或隐喻来代表放下念头。此类练习是一个好方法，它们让你学会放下"黏人"的念头，而不是让它们围着你纠缠不清。请你试用每一项练习，看看哪一项对你有最大的帮助。

练习 10.5　小溪里的叶子

找一个五到十分钟内不会被打扰的安静场所。躺下或坐下，舒展你的手臂和双腿。闭上你的双眼，缓慢而平静地做几次深呼吸。

想象你在秋日的溪流岸边。每当你脑海中冒出一个念头，请你把它看作从树上飘零在急湍的溪流中的一片秋叶。观察这个念头／这片秋叶飘落在水面上，卷入溪流的漩涡中，顺流而下，在转弯处消失得无影无踪。每当一个新的念头冒出时，你就把它想象成一片叶子，随溪流而去。

请花五到十分钟继续做这项练习，然后提醒你注意周围的实际环境，睁开你的双眼。这项练习怎么样？你注意到自己念头的步伐有所改变吗？是不是有一些叶子比其他叶子更难以被溪流带走？

练习 10.6　广告牌

找一个五到十分钟内不会被打扰的安静场所。躺下或坐下，舒展你的手臂和双腿。闭上你的双眼，缓慢而平静地做几次深呼吸。

想象你坐在一辆沿公路行驶的小汽车内。当念头冒出时，想象它们在广告牌上出现，当你接近广告牌的时候，它们逐渐变大，然后在你身后消失。每一个新的念头都变成一块新的广告牌，瞬间闯入你的意识，然后又转瞬即逝。

请花五到十分钟继续做这项练习，然后提醒自己注意周围的实际环境，睁开你的双眼。这项练习怎么样？你发现小汽车加速或减速了吗？是不是很难超过某些广告牌，或者同样的广告牌会重复出现？

练习 10.7 气球和云彩

找一个五到十分钟内不会被打扰的安静场所。躺下或坐下，舒展你的手臂和双腿。闭上你的双眼，缓慢而平静地做几次深呼吸。

想象你用细绳牵着一串氢气球。或者想象你在看一个小丑牵着这样一串氢气球。当念头在你脑海中冒出时，请你把它放在一个气球上然后松开手中的细绳。看着气球升到空中，直到它变成一个小点，最终消失得无影无踪。新的念头冒出时，也如法炮制，把它放在新的气球上随气球飘走。或者，你可以把念头放在天空中形成的云彩上，并让它们随着云彩飘散在天际。

花五到十分钟继续做这项练习，然后提醒自己注意周围的实际环境，睁开你的双眼。这项练习怎么样？你注意到了自己念头的步伐有所改变吗？是不是某些气球或者云彩想要逗留在你身边，不肯离开？

练习 10.8 电脑弹窗

找一个五到十分钟内不会被打扰的安静场所。躺下或坐下，舒展你的手臂和双腿。闭上你的双眼，缓慢而平静地做几次深呼吸。

想象你坐在电脑前，看着一幅宁静的自然景色的图片。把你的每一个念头看作突然在电脑屏幕上的弹出广告弹窗。点击每个弹窗右上角的符号"×"，让弹窗消失。

花五到十分钟继续做这项练习，然后提醒自己注意周围的实际环境，睁开你的双眼。这项练习怎么样？你发现弹窗的速度变快了或是变慢了吗？是不是某些弹窗似乎出现了很多次？

练习 10.9　火车和船只

找一个五到十分钟内不会被打扰的安静场所。躺下或坐下，舒展你的手臂和双腿。闭上你的双眼，缓慢而平静地做几次深呼吸。

想象你的小汽车停在一个铁路与公路的交叉口，你在车里看着长长的货运火车"哐当、哐当"地通过交叉路口。看着落满灰尘的火车厢，听着火车的轮子在铁轨上发出有节奏的哐当声。每当一个念头在脑海中冒出时，请把它放在一节车厢上，看着它随着车厢通过和远去。

如果你不喜欢这个关于火车的意象，你不妨试着想象河流上穿梭不息的船只。

花五到十分钟继续做这项练习，然后提醒自己注意周围的实际环境，睁开你的双眼。这项练习怎么样？你发现火车加速或是减速了吗？是不是有些车厢停在交叉路口，在那儿徘徊了一阵子？或者同样的念头／车厢／船只通过了好几次？

练习 10.10　从身体上放下

这是一项可以睁着眼睛做的练习。笔直坐好，在一个舒适的高度，平伸你惯用的那只手，并且手心向上展开。当念头冒出时，想象它在你的手心里。当你牢牢抓住念头后，把你的手心翻转向下，想象念头渐渐掉落，消失得无影无踪。将手心重新向上展开，等待下个念头的到来。在每个念头出现时，不断"丢下"或者"放下"它。通过练习从身体上放下的动作，你能使放下念头这一体验变得更加真实和具体。

你认为这项练习怎么样？新念头冒出的速度有多快？有同样的念头反复出现吗？

你可以在任何时候做这项练习，以强化你对棘手的念头的解离。如果你觉得在公共场合做这些动作让你感到难为情，那么你可以用十分轻微的手腕动作来完成这项练习——轻轻舒展你的手指，或是像在挥手说再见那样轻轻抬起你的手指来代替手的转动。

一次性完成观察、标识和放下

挑选你喜欢的观察练习、标识技巧和放下练习，把它们组

合成一项完整的练习。为了便于你使用，本章所有的练习清单
被罗列如下：

观察练习

●练习 10.1 白色房间冥想

●练习 10.2 正念式聚焦

标识技巧

●练习 10.3 "我有……这样一个念头"

●练习 10.4 "现在我头脑中有……这样一个念头"

放下练习

●练习 10.5 小溪里的叶子

●练习 10.6 广告牌

●练习 10.7 气球和云彩

●练习 10.8 电脑弹窗

●练习 10.9 火车和船只

●练习 10.10 从身体上放下

需要强调的是，这项练习一天要做几次，并且要选在特定
的时间做，例如起床前、乘坐公交车时、吃午饭时、散步时等。
在许多此类的时段，你或许无法躺下和闭上双眼，但是你仍然
可以在睁着眼睛四处溜达的时候，通过想象的方式来做观察
练习。

同样地，不要等你最糟糕的图式念头冒出时才开始做此类练习。不管现在你脑海里出现了什么样的念头，即便是诸如晚餐吃什么或给你新近喂养的猫起什么名字这样中性的或愉快的念头，你都可以去做观察、标识和放下练习。

■示例

我叫卡罗尔，二十九岁，在一家餐厅设备公司担任客户服务代表。去年，我在一个交友网站注册了账户，想找个新男友。在线交友的整个体验完全触发了我所有的过往图式。我结合了观察、标识念头和放下念头来帮助自己掌控情绪。

我先采用"白色房间冥想"这个练习。我躺在沙发上，闭上双眼，想象一间带有两道门的白色房间。我发现自己关于交友的消极念头轻易地以不同类型的男人的形式展现出来，他们从一道门进入房间，然后从另一道门离开。有三个特定类型的男人出现了好多次，他们有细微的不同：一个是嘲笑我的英俊小伙，一个是色眯眯斜眼看我的丑男，还有一个是让人毛骨悚然的家伙。

很明显，这三个人物代表了我对在线交友最大的恐惧：长得很英俊的男人永远不会选择我，只有丑陋的男人想要我，还有些令人毛骨悚然的变态狂会不时出现。我很难放下此类念头，很难让这些家伙离开"白色房间"。

接下来，我开始运用标识技巧。当我想到英俊小伙不会选择我时，我这样转述我的念头：现在我头脑中有一个低自尊的念头。当我想到自己只会吸引那些丑陋的男人时，我用"现在我有'我真可怜'这个念头"来应对。当我开始担心会遇见令人毛骨悚然的男人时，我告诉自己，现在我的头脑正在预测另一个悲惨事件。用不同的方式来转述我的念头有助于我认识到它们不过是念头而已。我可以与我的念头保持一定距离并意识到还没有发生任何事。我只是坐在这儿，思绪万千。

我与在社交网络上认识的一个管道承包商在咖啡厅进行了一次约会。在约会之前，我尝试做了一项放下练习。当我产生一种诸如"约会铁定不行"这样令人泄气的念头时，我伸出了右手，掌心朝上，想象这种念头如我手中一小团肮脏的积尘，然后我翻转手掌，让念头掉落。在真正约会时，我产生了"他似乎比照片上看起来的年龄至少大十岁"这样的念头。我把手放在桌下，做出翻转掌心的动作来帮助自己放下这样的念头，将注意力重新转回至与约会对象的谈话上。

我总共进行了十次咖啡厅约会，有时候也会接着与同一个约会对象去吃晚餐。有时约会进行得不顺利，但是我从解离技巧获益匪浅。它们帮助我与自己的消极念头保持足够的距离，从而使我得以继续外出约会，继续做我说过会做的事：将我自己置于约会场景之中。

最后，我遇到了格雷格——一个真诚友善而不算难看的小伙子。他其实很喜欢我，认为我很风趣。我们现在依然待在一起。

当图式驱动的念头妨碍你去实现新的意图时，你在本章中学到的解离技巧能够给予你巨大帮助。不是听任此类念头把你引入歧途，而是运用解离技巧所提供的方法来全神贯注地观察你的念头。

第 11 章

解离：隔离

本章，你将继续学习解离练习。本章要介绍的练习是隔离练习，它能帮助你在自我与念头之间创造出一个空间，同时有助于你不再过于重视念头。

解离之悖论

所有此类练习都有这样一个共同点：在做此类练习时，你要在承认、接纳，甚至拥抱痛苦念头的同时，去降低此类念头的重要性，而这两者是自相矛盾的。随着你试着做如下每项隔离练习，你便能知道它们是如何发挥作用的。每项练习都体验一下，然后看看哪一项练习最适合你。

练习 11.1　　"谢谢你，头脑"

你的头脑总是很忙，每时每刻都在做它的主要工作：帮助你生存。你的头脑总是对危险保持警惕，并非常乐意为你指出危险。你的头脑不断帮你作出判断，孰是孰非。它不断对每件事进行评估，试图解释为什么你身上会发生这些事。

就像一个对子女过分娇惯和专横独断的家长那样，你的头脑会有过火的行为。它会过分警觉，草木皆兵。它会吹毛求疵，作出许多过于严厉、痛苦和消极的评判。它会持续运转，对事件作出解释，从而使你感到羞耻、愚笨或古怪。换言之，你的头脑喋喋不休地向你嘟哝着你再熟悉不过的消极图式。

你可以远离对你过分保护的家长，但是离不开你的头脑。你也无法长久和真正地抑制或忽视你的头脑。但是你可以感谢你的头脑。这听起来简单和琐碎，但它有着神奇的作用。试试吧。

当你的头脑呈现痛苦的图式念头，引诱你上当并让你长时间注意它时，你可以采用以下咒语：

谢谢你，头脑，谢谢你冒出的这个念头

然后放下它。无论头脑里又冒出什么念头，你都再次对自己说，"谢谢你，头脑，谢谢你冒出这个念头"。承认这个图式念头，带着谢意大方地接纳它，而不是与之争吵或辩论（Hayes，2005）。这就像一场心灵的武术。你随着头脑的进攻而动，而不是去攻击它，也不是抵抗和试图制止这一念头。"谢谢你，头脑"这个策略侧身躲开了这一念头，让你的头脑的推力带着这个念头从你身旁经过和离开。

你可以把"谢谢你，头脑"和标识念头结合起来，组合成一系列优雅的回应：谢谢你，头脑，谢谢你冒出"恐惧"这个念头；谢谢你，头脑，谢谢你冒出"我很坏"这个念头；谢谢你，头脑，谢谢你冒出评判性的念头。

■示例

我叫乔治，四十六岁。当我尝试"谢谢你，头脑"这一技巧时，我正觉着我的老板想要炒我鱿鱼。如果你能像读对话脚本一样读到我内心的想法，那么以下就是它的内容：

头脑：他总是和我过不去。

乔治：谢谢你，头脑，谢谢你冒出这个念头。

头脑：最好开始找份新工作；在这儿我完蛋了。

乔治：谢谢你，头脑，谢谢你冒出这个令人泄气的念头。

头脑：老板以十分厌烦的口吻对我说，"早上好"。他已经决定炒掉我了。

乔治：谢谢你，头脑，谢谢你作出这种灾难性预测。

头脑：他知道我一直把事情搞砸。

乔治：谢谢你，头脑，也谢谢你冒出这个念头。

这样写出来看起来有点奇怪，但是对我的作用很大。说"谢谢你，头脑"这句话让我不再把全部的工作时间花在担忧老板对我的看法上。事实上，我能够在自己的工作上花更多的时间，并且开始得到更佳的绩效评判。

练习 11.2 重复负面标签

这一技巧也可称为"铁钦纳的重复"。这一称呼是根据心理学家先驱爱德华·铁钦纳（Edward Titchener）（1910）的发现命名的。他发现重复任何一个词五十遍或更多遍后，这个字便会丧失任何意义。即便是那些最能总结你最痛苦的图式的词——非常恼人的词或短语，都会随着重复而失去大部分杀伤力。

你自己试试吧。选择一到三个最能总结你最可怕的念头怪兽——最折磨你的图式念头的词。努力将怪兽浓缩成一个词。以下是其他人想出来的一些词语的例子：

自私

刻薄卑鄙

糟糕的丈夫

失败者

不可爱的

重复负面标签是再简单不过了。只需一遍又一遍地重复你的词语或短语，并且至少重复一分钟。大声地、清楚地、快速地说出来。然后，查看词语或短语的意思发生了什么变化。是不是在某种程度上失去了原本的意思？比起是个词来说，它更像是某种声音了？如果是这样的，那么每当你遭遇图式念头的时候，并且在可以大声重复念这个词语而不会让你看起来完全像个傻瓜的场合时，请你运用这个技巧。

■示例

我叫克里斯蒂娜，三十一岁。我用了重复负面标签的技巧，让自己从有关体重和丈夫吉姆的念头中分离开来。我总是不断地想，我对吉姆再也没有吸引力了。我变得太胖了。我发现他盯着莉兹看。她很苗条。与她相比，我太胖了。吉姆说没关系，但是这关系大着呢——没有人会真的喜欢一个胖妞。我的念头的主题十分明确。我很容易地把我所有的念头总结为一个字——"胖"。

一天晚上，我下班回家，坐在停在车库的车里，那儿没有人可以听到我说话。我说："胖，胖，胖，胖，胖，胖，胖，胖！"很大声地一遍又一遍念这个词，大约念了一分半钟。起初，我觉得这样做很滑稽，但是在最后，我笑了。这个字对我来说几乎变成了纯粹的噪声。我真的感觉更加超然了，也没有那么心烦意乱了。

练习 11.3　将念头具象化

你可以通过将念头具象化，以便削弱念头怪物的力量（Hayes，2005）。具象化意味着给念头赋予特定的颜色、尺寸、形状和质地。通过这样做，你将念头变成了一个意象或隐喻，并且你与念头之间有了距离。试着运用以下表格来将你的某个图式念头具象化：

图式念头：＿＿＿＿＿＿＿＿＿＿＿＿＿＿＿＿＿＿＿

颜色：＿＿＿＿＿＿＿＿＿＿＿＿＿＿＿＿＿＿＿＿＿

尺寸：＿＿＿＿＿＿＿＿＿＿＿＿＿＿＿＿＿＿＿＿＿

形状：＿＿＿＿＿＿＿＿＿＿＿＿＿＿＿＿＿＿＿＿＿

质地：＿＿＿＿＿＿＿＿＿＿＿＿＿＿＿＿＿＿＿＿＿

■示例

我叫希拉，五十五岁。我采用念头的具象化来使我与对同事的愤怒和怀疑的念头保持一定距离。我是这样填写的：

图式念头：他们都和我对着干，欺骗我。

颜色：恶心的呕吐物的绿色

尺寸：像密歇根湖那样宽广

形状：又圆又扁，像个巨大的煎饼，但是很薄

质地：像玻璃一样光滑

我为我的愤怒和怀疑创造了一个生动的形象：在我头顶的天空中，漂浮着一个巨大的、恶心的呕吐物的绿色的玻璃盘。它有助于我放下了此类念头，因为如果这个巨大的盘子飘浮在天空中，那么它不在我身上。我能想象它越飘越远，而不是在

我头顶压迫着我。

练习 11.4　携带卡片

在这项练习中，你把念头从头脑中转移到你随身携带的卡片上（Hayes，2005）。在你钱包或钱夹里放三到五张索引卡，便于你在日常事务中能随时利用它们。每当一个特别恼人的念头冒出时，你就把它写在卡片上。当这一念头又冒出时，告诉自己，"我没必要再去想它，它在卡片上"。

■示例

我叫布莱恩，二十二岁。我在和新女友萨利周末度完假后，我采用携带卡片的技巧。度假期间，我担心每件事能否顺利进行，操心我们能否度过完美时光。每当萨利看起来心不在焉或平静如水时，我就会冒出诸如她厌倦我了或生我气了这样的念头。我担心自己花钱太多或花钱太少，因为我想要给她留下一个恰到好处的印象——既不是一个铁公鸡，也不是一个败家子。我试图时时刻刻找话题说，从而不慎说出了我生意上的事以及前女友的事，这些话题如果闭口不提或许更好。

周一，我的头脑不断回想着周末的事，导致我无法专心工作。周一晚上和周二白天，我随身携带索引卡。以下是星期二晚上我的卡片内容：

我很乏味。

话太多。

花钱方式很愚蠢。

莫名其妙地冒犯了她。

她觉得我很古怪。

她会甩掉我的。

大嘴巴。

去海鲜馆吃饭是个错误。

在钱包里携带这张卡片，有助于我从如下图式念头中隔离开来：一般在女人面前，尤其是在萨利面前，我表现拙劣而愚笨。

练习 11.5 佩戴标志

这项练习有效地将携带卡片与重复负面标签的某些方面结合起来。在你自己的家或房间的私人空间里，将你典型的负面自我评判填写在便条上，并把便条贴在你能看到的胸部某处或手臂某处。当你进行正常的活动时，你会不时地注意到便条。这张便条及其所携带的负面信息会逐渐变得司空见惯，变得不如之前那样触目惊心，变得不如之前那样令人心烦。将负面评判写在便条上，能让你像携带卡片那样与它保持一定距离；当你一遍又一遍地注意到它时，它便像重复负面标签那样失去了原有的威力和含义。

■示例

我叫苏西，四十三岁。我一直痛责自己，因为我没有经常去看望家人和更多地帮助继姐筹备婚礼。我在便条上写上"自私"，并把它贴在我的肚子上。整个星期六，我在家擦洗橱柜时，我都贴着它。这张便条不断往下掉，所以我不得不停下来，把它用别针别在我的 T 恤上。到下午 5 点钟的时候，厨房一尘不染，我也筋疲力尽了，我把便条取下来看，我差不多把它看了一百遍。如果不查字典，我都无法解释"自私"是什么意思，我也不再为自己的行为感到过分烦扰。

练习 11.6 四个关键问题

在你对之前的练习颇为熟悉，并且识别出你稳固的图式之后，便可以做这项练习了。最稳固的图式包括如下内容：那些折磨你的念头；那些即便用了携带卡片和"谢谢你，头脑"的技巧也会反复冒出的念头——此类念头妨碍你拥有非常想要的那种人际关系（McKay, et al., 2011）。

还记得那个巴士隐喻吗？——念头怪兽如何突然出现在你

的巴士面前，试图让你改变方向，背离你的价值观的方向？当
你应对诸如"我是不可爱的"或"我有毛病"之类这样反复出
现的念头怪兽时，向自己提出如下四个关键的问题会有所帮助：

1. **这种念头存在多久了**？回想并记起你有这种念头的最早
时期。那时你有多大？那时候你生活里发生了什么事？

2. **这种念头的目的是什么**？你的头脑这样想的目的是什
么？保证你的安全？保存面子？大多数图式驱动的念头，包括
即便是最痛苦的念头，也都是为了帮助你逃避其他某种痛苦情
绪。如果你是不可爱的，那么这或许意味着你不必再努力追求
爱，也不必再去体验失败的痛苦。如果你有毛病，那么这或许
意味着你不用为自己的错误负责，也不必感到愧疚。这种念头
想要保护你免遭什么糟糕的感觉的困扰？

3. **这种念头如何对你起作用**？念头怪兽本来旨在让你回避
痛苦，可是它们本身制造了更多的痛苦。你的念头对你到底有
什么用？它是如何扭曲和妨碍你长期的人际关系的？

4. **我是否愿意带着这种念头并依然在人际关系里遵照自己
的价值观行事**？最关键的问题是，你愿意让念头怪兽待在巴士
上，并在巴士后厢咆哮，而你依旧朝着你想要去的方向行驶吗？
如果你的回答是愿意，那么对那些正好符合你价值观的人，你
会做什么具体的事或说什么具体的话呢？

现在就试试，对照你自己的某种图式念头来问问这些问题吧。在以下的空行处写下反复出现的念头和你对以上四个问题的回答。

四个关键问题

念头：＿＿＿＿＿＿＿＿＿＿＿＿＿＿＿＿＿＿＿＿

1. 这种念头存在多久了？＿＿＿＿＿＿＿＿＿＿＿＿

＿＿＿＿＿＿＿＿＿＿＿＿＿＿＿＿＿＿＿＿＿＿＿

＿＿＿＿＿＿＿＿＿＿＿＿＿＿＿＿＿＿＿＿＿＿＿

＿＿＿＿＿＿＿＿＿＿＿＿＿＿＿＿＿＿＿＿＿＿＿

2. 这种念头的功能是什么？＿＿＿＿＿＿＿＿＿＿＿

＿＿＿＿＿＿＿＿＿＿＿＿＿＿＿＿＿＿＿＿＿＿＿

＿＿＿＿＿＿＿＿＿＿＿＿＿＿＿＿＿＿＿＿＿＿＿

＿＿＿＿＿＿＿＿＿＿＿＿＿＿＿＿＿＿＿＿＿＿＿

3. 这种念头如何对你起作用？＿＿＿＿＿＿＿＿＿＿

＿＿＿＿＿＿＿＿＿＿＿＿＿＿＿＿＿＿＿＿＿＿＿

＿＿＿＿＿＿＿＿＿＿＿＿＿＿＿＿＿＿＿＿＿＿＿

＿＿＿＿＿＿＿＿＿＿＿＿＿＿＿＿＿＿＿＿＿＿＿

4. 我愿意带着这种念头并仍旧在人际关系里遵照自己的价值观行事吗？（你会做什么或说什么？）　＿＿＿＿＿＿＿＿＿

_____

_____

_____

■示例

我叫科琳，二十六岁，是一名仓库管理员。以下是我填写的"四个关键问题"的内容：

科琳对四个关键问题的回答

念头：没有人真的关心我，关心我经历了什么。

1. 这种念头存在多久了？十八年了。从我八岁那年开始，那时，我妈妈冲我们这些孩子大吼大叫，而我的弟弟整天都在哭。

2. 这种念头的功能是什么？使我免遭妈妈怒火的伤害，使我免受弟弟不断抱怨他的糟糕童年的伤害。我的童年和他的童年一样糟糕，但是他不关心，甚至不听我倾诉。

3. 这种念头如何对你起作用？让我不再和弟弟联系。让我这些年变得孤独，受到更大的伤害。

4. 我愿意带着这种念头并仍旧在人际关系里遵照自己的价值观行事吗？（你会做什么或说什么？）我愿意。下次我弟弟抱怨时，我会听他说，和他保持联络。我不会再与他断绝联系，变得冷漠无情。

在做完这项练习后两周，我在我们堂兄的婚礼上看到了我的弟弟。我在他坐的那一桌待了很长时间，聆听他以前说过的对我们母亲的抱怨。我的念头怪兽在我耳边低语：他只关心他自己，他不关心我。但是，我的臂夹式皮包里有一张写着"没人关心"的旧名片。

我回答怪兽：谢谢你，头脑，但是我已经在卡片上写了你所说的话。我努力坚持聆听我的弟弟讲话，这么多年来第一次真正地聆听他说话。因为我并没有像以往那样表现出敬而远之的态度，我弟弟也就不必花大力气和我争吵来让我认同他的观点。他不像之前那样喋喋不休地抱怨，而是简明扼要地发了一顿牢骚。到了切蛋糕的时候，我们一起对自己不幸的童年一笑置之。

练习 11.7　组合解离

既然你已经从本章和前一章学会许多解离技巧，现在你可以把它们结合起来，并用索引卡来玩一个游戏。取约十张索引卡，在每一张索引卡上写下你的某个典型图式念头。洗牌，然后翻开第一张卡片。用你所学到的一种解离技巧来解离卡片上的信息。继续洗牌，随机翻开一张卡片，直到你可以快速和不假思索地解离卡片上的念头。

■示例

我叫弗兰克，六十一岁。我用了八张卡片来做组合解离练习。以下是我某一次的卡片顺序，我把内容像脚本那样写了下来：

卡片：　　你太残忍了，居然将这段感情中困扰你的事情告诉女友。

弗兰克：　谢谢你，头脑，谢谢你冒出这个念头。

卡片：　　你总是不太照顾其他人的感受。

弗兰克：　我有一个评判性的念头。

卡片：　　她马上就会厌烦你了。

弗兰克：　我有"她马上就会厌烦我"这个念头。这只是一个念头。

卡片：　　你必须意识到你有多么自私。如果你意识不到，没有人愿意和你相处。

弗兰克：　（打开他的手掌）我听到了这个念头，现在我要让它掉下去。

卡片：　　也许她已经生你气了。

弗兰克：　我同样会放下这个念头。它像一个愚蠢的红色气球那样飘走了。

卡片：　　你太苛求了。

弗兰克：　这是个老念头。我的母亲以前总是这样说，为的就是让我闭嘴。

卡片：　　你在不断地伤害身边的人，这样下去你会众叛亲离的。

弗兰克：　谢谢你，头脑，谢谢你冒出的批评的和恐惧的念头。

卡片：　　她不会再容忍你多久了。

弗兰克：　（把他的手掌心转向下）另一个恐惧的念头——放下它吧，放下它吧。

观察者自我

这些解离技巧有什么共同点呢？它们都是分离的方法：让你的"自我"从你的体验中分离，从你的念头中分离，从你的感觉中分离。

有时候，你的自我——本质的你——会与念头和感觉混在一起。"我很坏"这种评判好像就是你自己，好像就是你的"自我"很坏。这是思维的融合：念头和你的自我看起来像是同一个东西。这和解离形成了对比，解离是：我心里有"我很坏"这个念头。你与念头不是同一回事。

你也会和感觉混在一起。"我害怕"这句话看起来像是你就是这个恐惧，而恐惧仿佛是你本身的一部分。这与你注意到你此时此刻感到害怕是不同的，因为这种稍纵即逝的情绪不会界定你自己。"有害怕的情绪"与"我很害怕"是有差别的，你明白吗？当你有种恐惧的情绪时，你正在观察某个会改变的和消逝的事物，而它不是你。当你说你很害怕时，你就变成了恐惧本身。

念头和情绪不断地变化，而你是那个观察它们起起灭灭的人。这个观察者是正在观察的"自我"。你能体会到成为一个这样的观察者的感受吗？当念头和情绪起起灭灭时，依然有一个这样的"你"在观察。看看你是否能察觉这个观察者的自我，这个在你眼睛后面观察着你的所思所想、所感所知和所作所为的人。如果你观察到你最糟糕的自我评判这个念头，你和这个评判并非同一回事。你只是在观察，而你不是你的念头、情绪或感觉。你是观察、注意和掌握所有这些事物的那个人。

随着时间的流逝，你身上的许多地方都发生了变化。你变老了，你的念头和感觉也在不断变化，你学到了新东西，现在看待事物的方式也和以前不同。但是，你的观察者自我一直都在那儿，永远没有改变。看看你是否能感受到这一深层次的你吧。

电影屏幕的隐喻

一个能够让你想到观察者自我的办法就是，想象你的永恒不变的自我是一幅电影屏幕（Hayes，2005）。每天都会有一部新影片在这个屏幕上播放——悲剧、喜剧、冒险剧、爱情剧——所有这些影片都饱含着诸如失落和希望、欢笑和恐惧之类的情绪。在此类影片里，千变万化的对白（你的念头）俯拾皆是。尽管此类影片连同其情绪和对白在不断地变化，但屏幕总是在那儿，一成不变。

今天，你的屏幕上映了什么影片呢？此时此刻正在放着影片的哪个片段？现在，休息片刻，扮演一下屏幕中的这个角色。回顾你在这一天中干了什么事情，聆听你的念头和感情的诉说，如同聆听有声电影的对白和音乐那样。屏幕上的万事万物都在移动和改变，但是自我，那个观察者自我，从未改变。

棋盘的隐喻

还有一个想象观察者自我的办法。想象下一盘国际象棋，而棋子就是念头和感觉（Hayes，2005）。白色的念头和感觉在与黑色的念头和感觉交战。棋局错综复杂，而棋手心无旁骛地投身于博弈之中。最终白子或黑子赢了，棋局便告结束。重新摆好棋局，棋手展开了新一轮对弈。你既不是棋盘上的棋子，也不是棋手，而是棋盘。想象你自己是这个棋盘，而所有的搏杀和策略都在这里上演。棋盘就是观察者自我，每场对弈都会结束，而棋盘依旧是那个棋盘。

作为一个棋盘，你可以拥有棋子。你可以与棋子接触，与那些黑色或白色的念头、黑色或白色的感觉相接触。但是，在任何时候，不管棋盘上的棋子是黑多白少抑或是白多黑少，棋盘都从未改变。棋盘保持原样。它不在乎这场对弈，也不关心谁赢谁输。成为棋盘，你的空间可以容纳所有的棋子，体验它们，而不是"成为"它们。

为了便于你进行练习，本章所有技巧的清单被列举如下：

解离练习

●练习 11.1 "谢谢你，头脑"

●练习 11.2 重复负面标签

●练习 11.3 将念头具象化

●练习 11.4 携带卡片

●练习 11.5 佩戴标志

●练习 11.6 四个关键问题

这种念头存在多久了？

这种念头的目的是什么？

这种念头如何对你起作用？

我愿意带着这个念头并依然在人际关系里遵照自己的价值观行事吗?

●练习 11.7 组合解离

观察者的自我

电影屏幕的隐喻

棋盘的隐喻

第 12 章

面对图式情绪

现在你已经熟知不良的图式引起的痛苦情绪了。你通过采用图式应对行为来避免这种痛苦，这种做法对你的人际关系和生活都产生了负面影响。现在是时候学习观察以及接纳图式痛苦了——而不是被迫陷入以往的图式应对行为模式。为了帮助你实现这个目标，我们将介绍一种名为"曝光"的技巧。通过一个有时限、条理化的练习，你将学会面对图式情绪，而非逃避它们。

曝光将会通过以下方式来帮助你：

●你将学会去"观察"图式情绪，而非陷入以逃避来回应的境地。

●你将对情绪司空见惯，而不是对它感到异常恐惧。当情绪不太恐怖时，你可能会较少地被迫陷入图式应对行为的模式。

●你会注意到情绪是有时限的，以波浪的形式显现出来，先是增强，达到波峰，然后缓慢回落。

●你会学会把情绪视为你当前"天气"的一部分，知道它很快就会发生变化。

为什么曝光能帮助你

人们所做的如下三件事会增强和延长痛苦情绪：试图阻止

或回避情绪；感情用事；对情绪反复琢磨。你已经完全知晓，试图用图式应对行为来回避图式情绪会导致的后果——它最后只会让事情雪上加霜。感情用事（生气时攻击别人，恐惧时逃开）也会增强你的情绪。研究（Tavris，1989；Linehan，1993）表明，你越是用情绪驱动行为来应对，情绪就会变得越发强烈和越发持久。同样地，"思考"你为什么会有这样的感觉、对自己评头论足，或想象也许会发生的糟糕的事，这都会增强图式情绪。你越是对情绪反复琢磨，你的感觉就越发糟糕。

曝光练习指导你观察你自己的体验，而无须回避痛苦的情绪、感情用事或对情绪反复琢磨。因此，此类练习能够帮助你"不去"做那些让情绪恶化的事。相反，你观察自己的所知所感，直到它发生改变或者烟消云散，并学会接纳体验本来的样子。

练习 12.1　情绪曝光

你可以用两种方式来做这项情绪曝光练习：在日常生活中情绪确实被触发时进行练习，或者通过想象最近的烦心事来触发情绪进行练习。因为在情绪被触发的当下做曝光练习更具挑战性，所以我们建议你通过想象最近的烦心事来学习如何做这项练习。

你可以录音并回放以下的曝光练习脚本，或边阅读（每次阅读一节内容）边练习。

1. 回忆最近一个触发图式的事件

回顾图式痛苦被触发的时刻。留意你周围的环境；注意谁在那儿，那个人长得什么样……现在聆听当时场景里发出的任何声音，比如说背景噪声或人声；聆听使你感到心烦的说话的内容……如果某人的行为或举止让你感到烦心，请你察觉它们……继续观察当时的场景，聆听说话的内容，直到你——现在——感觉到图式情绪。

2. 注意身体的感受

观察你身体的感受；你的身体有什么样的感觉？……扫视你的身体，以察看感觉来自哪儿……想象这种感觉有它的形状和尺寸——那会是什么样子？……想象它有颜色——会是什么颜色？……这种感觉像什么——是一个疙瘩，一个重物，一种压力感吗？

3. 注意图式情绪

观察随令人心烦的场景而来的情绪……向你自己描述这种情绪；描述它的强度和特质……它是剧烈的抑或是缓和的？……你能想象到情绪有尺寸……形状……颜色……质地吗？在你观察的时候，看看情绪的强度或形态是否发生什么变化……向你自己描述你所注意到的情况。

4. 注意并标识你的念头

当念头冒出来时，请你专心地关注和标识它们。并说，这是一个念头。然后放下它。你不必卷入念头或追随它的去向。只用说一句，这是一个念头。……如果你对自己或他人有了一个评判，你只需留意它，然后把它放下。在注意到每一个念头后，重新去观察你的情绪并且向自己描述它。描述它是否有所变化。

5. 注意行为冲动

观察任何想要去做某事的冲动……看看是不是情绪在催促你采取行动……你只需察觉这种冲动，而无须去做任何事或说任何话……让自己仅仅去观察而不采取行动。

6. 注意阻断冲动

察觉到目前想要阻断情绪和排斥情绪的冲动。但是你只需继续向你自己描述你的感觉……继续保持你的感觉，观察有没有什么变化。情绪是增强还是减弱？……注意你在情绪波浪的哪个部分：上升处？波峰处？下降处？是否有其他情绪开始交织起来？

7. 继续曝光

再次注意你身体的感受——它们在哪里，它们是什么样的感觉……然后注意你的情绪，向你自己描述你的情绪……如果你头脑中冒出了一个念头，说，这是一个念头。然后把它放下。

重新去观察并向自己描述你的情绪……如果你有想要回避情绪的冲动，注意它，然后重新观察你的情绪……如果你有想要说什么或做什么的冲动，注意它，然后重新回到你的感觉上……如果情绪在改变，由它去改变……你只需继续观察情绪，直到它在某些方面产生变化。

现将情绪曝光练习的关键步骤小结如下：

1. 想象最近一个触发图式的场景。（当你观察当下的情绪时，略过这步。）

2. 注意你身体内部的感觉。

3. 观察你的情绪，向自己描述它，并且留意情绪是否增强或减弱。

4. 注意、标识、放开任何念头，将注意力重新转回到情绪上。

5. 注意行为冲动，回到对情绪的描述上。

6. 注意阻断冲动，回到对情绪的描述上。

7. 继续曝光，描述情绪并观察情绪的波浪，直到情绪产生变化。

我们鼓励你一开始做一个短时的情绪曝光练习——为期五分钟或更短时间——即使情绪的强度没有变化，也请你停下来。慢慢习惯这项练习。只有经过大量的短时曝光练习，你才能在图式痛苦产生的时候，对它更加包容和接纳。

随着你逐渐适应对图式情绪进行观察和感受，请延长曝光时间，以便你可以真正观察到感觉的变化。这个时候，你也可以当下开始做曝光练习——你依然遭受某个触发场景的折磨时。以下是当下曝光练习的方法。一旦你的图式被激活，请你采取以下措施：

1. 注意并抵抗用图式应对行为来回应的冲动。

2. 尽可能快地在触发场景里休息片刻。

3. 观察你的情绪。继续体验你的情绪，直到你觉得可以接纳而不是抵抗它们。

4. 回忆你在这段关系里基于价值观的行为的具体意图。

5. 制订一份根据行事意图的计划。

当下曝光练习的关键在于，坚持观察你的感觉，直到你对它有足够的容忍度，并根据你的价值观行事——而不是再次陷入以往的图式应对行为的模式。这就是曝光练习如此重要的原因。它锻炼你的心理肌肉——意愿。当你有了自信，你可以去体验产生的任何一种图式情绪，不再被迫去逃避某种图式情绪。相反，你可以选择基于价值观的回应方式。

■示例

我叫劳拉。我的图式经常被简触发，而她的办公地点就在我旁边。她总是吹嘘自己如何疾如闪电般完成每件事，而如果我必须工作到很晚，她就会表现得很诧异——好像我很愚蠢或效率低下那样。她的言辞总会触发我的"失败"按钮。

我开始通过想象最近她说的一些话来做曝光练习。例如，她声称自己在一个小时内就完成了她的销售报告，而对我花了更长时间来完成感到惊讶。我在脑海里想象她一本正经、目空一切地坐在办公桌前的样子。我可以听出她的声音里带着嘲笑意味的惊讶之意："你还在写那个报告吗，劳拉？"我立马就火冒三丈——如同我往常那样。

于是我观察我的身体出现了什么变化（肠胃打结，脸色发红），然后向我自己描述这种情绪。怒火就像有一堵墙那么高，然后我看到墙下面是恶心和无能的感觉，这种我不知道我在干什么的感觉。

我观察我的念头——对她和我自己的评判性念头如潮水般涌出。所以我就一直对自己说"念头"或"评判性念头"，然后努力重新去观察我的情绪。有时候很难放下此类评判，但最终我都会把注意力转回到感觉上。

我注意到我有想要说愤怒的或恶毒的话语的冲动。我注意到我的头脑试图通过去想我的假期来回避这整个局面。但是，一旦我发现自己在逃避，我会马上把注意力放回到感觉上来。

所以我继续努力描述我的愤怒和无能的情绪。在最初的几次曝光练习中，我的感觉没有变化。但是当我稍微延长一下曝光时间，我注意到感觉减弱了一点。我的情绪处于波浪的平缓区。

请注意，劳拉不止在与一种图式驱动情绪相抗争。核心情绪是感觉自己像个失败者，但是这种情绪被愤怒掩盖了，从而使她逃避了更深层的无能的感觉。一旦愤怒的情绪被触发了，检查看看愤怒的情绪底下是否还压抑着某些其他情绪。

劳拉如同大多数人一样，在起初的短期曝光练习中并未注意到太多情绪上的变化。但是当她延长了曝光时间后，她开始注意到情绪强度减弱了。她开始逐渐习惯面对自己的情绪，并且发现随着时间的流逝，此类情绪不像之前那样势不可当了。

最终，在简发表了一番评论后，劳拉立刻转换至挑战性更强的"当下曝光"练习。

■示例

简又故伎重演——这次是吹嘘她的销售额。我感到自己想就此对她臭骂一顿，但是我深知恶言相向是一种图式应对策略。

于是我坐在桌前，观察我的感受——当然是愤怒这种情绪。未能像她那样做得出色——这种情绪尤为糟糕。我可以感觉到肠胃打结，仍然有一种像以前那样想要叫她"幸灾乐祸小姐"的冲动。

但是，相反地，我只是观察自己的情绪，并向自己描述它像什么样子（一个巨大的愤怒的拳头）。我有了评头论足的念头，于是我只是说"评判""评判""评判"。有许许多多的评判。

最终，我觉得自己对"我失败了"这个感受有足够的容忍度，乃至于我知道我不会感情用事了。这时候，我想到了我的意图是说些称赞和认可简的话。过了一会儿，我对她说："你的销售额完成得很不错"，然后不怎么去想这事了。

曝光练习的目的在于使你到达这样一个时刻：你"愿意"去体验图式情绪，但依然能根据自己的意图行事。你会注意到，劳拉一直在观察她的"失败情绪"，直到她准备好了说些认可简的话。起初，在简发表高谈阔论之后，劳拉企图发起攻击（图式应对行为）。但是她选择了去观察自己的情绪，而不是逃避它。经过一段时间的曝光练习，她觉得自己对图式情绪有了足够多的容忍度，可以考虑选择采取基于价值观的行动。

练习 12.2　记录曝光

随着你浸润在图式情绪之中——起初是想象过往的烦心事，后来是当下情景——如果记录你在曝光练习中的进步轨迹，那么这有助于你鼓足干劲继续前行。请用以下的曝光记录表记录你每次曝光练习的结果。

为了填写记录表，请识别你正在体验的情绪，并把它填写在第一栏。然后在第二栏简要描述你的情绪是如何被触发的。请记录曝光是基于过去场景的想象及伴随而来的情绪（写着基于想象，或 IB 的一栏），抑或是基于当下（写着 PM 的一栏）的体验，用"×"在相应的栏目中做上记号。在"结果"一栏，你可以记录下你对如下问题的回答。

●在你观察情绪后，你是否觉得对你的情绪有更高的容忍度，而更少回避了？

●情绪的影响力或性质是否改变，或者，这种情绪转变成其他情绪了吗？

●你发现自己适应你的情绪了吗？

●在当下曝光练习中，你是否感情用事或采用图式应对行为？你能够做到遵照基于价值观的意图行事吗？

●在你的人际关系中，是否发生了与情绪有关的变化？比如，你是否不像以前那样害怕情绪，或对观察情绪的波动更加得心应手？

曝光记录表

情　绪	触发场景	曝光类型		结　果
		基于想象 (IB)	基于当下 (PM)	

■示例

又是我，劳拉。我花了三周时间进行曝光练习。获得了如下结果：

劳拉的曝光记录表

情　绪	触发场景	曝光类型		结　果
		基于想象 (IB)	基于当下 (PM)	
愤怒 / 失败感	简吹嘘她做事有多么快。	×		感觉没有变化；有点害怕这种情绪。我发现自己多么想要攻击她。
愤怒 / 失败感	当我犯错时，简猫哭老鼠假慈悲。	×		感觉没有变化。
愤怒 / 失败感	男友批评我所买的某些衣服。	×		烦躁感稍微减弱；对感觉有更高的容忍度；学会单纯地观察这种情绪。
受伤 / 排斥	男友迟到。	×		体验情绪的时间变长，对这种情绪更加司空见惯；更能接纳它了。
愤怒 / 失败感	简吹嘘她与我们的老板有多么亲密。	×		在更长时间的曝光中，烦躁感减弱了；有很多评判性念头；更能接受失败感；情绪转变成悲伤。
愤怒 / 失败感	简吹嘘她的销售额。		×	抵抗图式应对行为；能够遵照意图行事。
失败感	老板批评我的商机未能转化成足够的销售额。		×	图式应对行为：找借口。老板不喜欢这种行为。重写我的商机转化率手稿（以价值观为基础的行为）。曝光练习进展不顺；回避情绪；深陷自我评判的念头之中。

续表

愤怒／感觉我自己有点毛病	简站着，俯视坐在桌前的我，好像在评判我。		×	长时间的曝光直到对情绪有更高的容忍度。标识评判；没有图式应对行为；询问简是否需要什么东西；对情绪的害怕程度降低了。
失败感	男友生气了。	×		对情绪曝光时间更长；对情绪的容忍度提高了。
受伤／排斥	男友取消了约会。		×	在采取图式应对行为之前，告诉他我会给他回电话。长时间曝光，直到我觉得不那么受伤了。情绪冷静下来，重新约会。

在劳拉的记录表里，她所曝光的情绪不止一种（愤怒／失败和受伤／排斥）。这很常见。你的记录表里可能也会出现好几种不同的图式情绪。你处理各种情绪成功的程度高低不等。主要目标在于，使你自己与棘手的情绪保持接触，直到你进一步培养对情绪的接纳和容忍能力，并逐渐由图式应对行为转向基于价值观的回应方式。

第 13 章

接　纳

对图式情绪的接纳，在某种程度上取决于学会对作为情感动物的自己怀有慈悲之心。你从儿时起，就开始与不良的图式和它们所导致的痛苦相抗争。在许多人际关系中，无数次地体验到这样的痛苦。并非只有你一个人是这样。几乎所有的人都有图式痛苦——这是由成长过程中无法避免的伤害导致的。

出现图式痛苦是正常的，但是这个事实并没有让它更易被人们接纳。但人们也不必因它而感到羞耻。在我们为了生存而努力抗争中，必然会出现图式痛苦。

学会接纳

以下的接纳和慈悲冥想会帮助你完成如下事宜：（1）不带抵抗地观察图式情绪；（2）接纳图式情绪是生活中的必要部分；（3）当你自己面对这种痛苦时，增强对自己的慈悲情怀。

练习13.1　接纳和慈悲冥想

你可以将这种冥想录音后回放，或者让别人念给你听。念的时候，在每个句子之间停顿片刻，以便你领悟它们的含义。

舒适地坐在椅子上，轻轻闭上双眼。开始时，做几次呼吸，把你的注意力集中在呼吸上。

现在回想你的某种图式在一段重要的人际关系里被触发的时刻。也许那时你觉得自己的权利被剥夺，自己被人抛弃，自己有缺陷，或自己有羞愧感。试着触摸图式被触发的那个时刻自己产生的核心情绪。你感觉身体的哪个部位体验到这个图式情绪？

回顾一下，想想今天这种情绪出现了多少次？上周出现了多少次？上个月出现了多少次？看看你能否回忆起，第一次出现这种情绪的时刻。

这种情绪跟随你很长时间了吗？它会出现在许多不同的人际关系之中吗？体验它带来的痛苦并且随之呼吸。如果你注意到任何想要远离这种体验的冲动，你只需注意这种冲动，看看你能否让自己继续去体验这种冲动。全身心地体验你的情绪而不去挣扎，这会是一种什么样的感觉？你能带着对自己的满腔慈悲和柔情，去充分体验自己的情绪吗？你能为你体验的所有部分腾出空间吗？你是否不得不推开或逃避你的这种体验？或者，你能掌控这种痛苦——能不加任何评判地去观察这种痛苦，并全身心地体验它吗？

注意任何冒出的或变得强烈的念头、情绪、感觉和冲动，带着善意和意愿去观察它们，把图式相关的痛苦看作一个啼哭的婴儿。看看你能否允许自己邀请痛苦进来，拥抱它，就像拥抱自己的一部分，拥抱这个不管是以往、现在还是未来都会一直与你同在的一部分。没有什么需要修复的地方，没有什么必须改变的地方。你正是你应该成为的那个样子。当你准备妥当时，请逐渐扩大你的注意力的范围，并慢慢睁开你的双眼。

■示例

我叫唐，六十岁，是一名退休的木匠。自打我记事起，我就已经在与缺陷/羞耻和遗弃/不稳定这两种图式相抗争了。

当我在做接纳和慈悲冥想练习时，我马上会陷入熟悉的感觉之中：羞耻、卑微、害怕被别人认为我很糟糕、害怕被别人遗弃。我没有像以往做过无数次的那样试图阻断它们。我只是对自己说：好吧，它们来了，观察它们吧。

当我回顾最初出现这种情绪的情形——这种你总是刻骨铭心的情形时，我深受震撼。我不得不承认，当我意识到这种情绪在我体内酝酿已久时，我变得多愁善感——我感到悲伤。

把痛苦看作一个啼哭的婴儿这个环节让我感觉自己就像个孩子——因为我知道那是多么艰难。但是，令人奇怪的是，我也觉得自己很勇敢，就好像我解决了生活中许多的痛苦——尽管并非总是处理得妥妥当当，我就是有这样的感觉。

因此，冥想练习帮助我越过了许多沟沟坎坎。我发现了这一事实，同时也发现，也许我现在可以用不同的方式来面对这种痛苦。

唐做了四次接纳和慈悲冥想练习，因为就像他所说的那样："我不断从中获益。"我们也建议你多做几次这样的冥想练习。很多人评判说，冥想练习有这样一个日积月累的效果——他们对自己的感受更加"柔软"，更加开放，对他们自己的抗争抱有更深沉的慈悲情怀。

练习 13.2　面对最糟的自我：接纳和解离

现在是时候越过图式情绪了。在这次的引导想象中，你需要还原图式应对策略导致你作出后悔举动的场面。本质上，你要回到用"最糟的自我"与他人相处时的场景。

你不久就会发现，这项练习的目的不是把你推向自我憎恨的评判之中，而是让你隔着一段距离，以永恒不变的观察者的自我去观察痛苦的时刻。这个观察者的自我会观察你的所作所为，会观察你生命中的每时每刻。这个自我是"你"的核心，可以观察那个最糟的自我的所作所为，而依然不会变成那个最糟的自我。

为了便于你想象，现将脚本呈现如下。你在录下它时，请在句子之间稍微停顿，以便沉浸在自己的体验之中（Ciarrochi and Bailey，2008）。

回想你表现得最糟的某个具体时刻……尽可能栩栩如生地想象这个"最糟的自我"是什么样子……留意那些催促或吸引你的情绪。留意你的"最糟的自我"是怎么想的。让自己察觉到当时特定的念头……观察你的"最糟的自我"如何与他人相处，看它偏离你的价值观有多远。

现在注意你的体内，有某个人在看着这个"最糟的自我"。它是观察着"最糟的自我"的另一个自我，目睹了"最糟的自我"的全部经历。你的体内的这个部分是观察者的自我。

即使你的念头、情绪、冲动和感觉都在不断变化，仍然有一个"你"自始至终都巍然不动。这个"你"观察着你的全部体验，而没有沦为此类体验本身或与之抗争。你只需察觉到这个人在你的双眼之后观察着你的"最糟的自我"。你能体会到成为一个观察者是什么感觉吗？

现在请你做如下思考：如果你能够观察你的"最糟的自我"，那么你与"最糟的自我"并不相同。如果你能够观察与最糟的自我相关的念头及情绪，那么你与那些念头及情绪并不相同。因为你是观察者。

你能否想象，你并不是你的呼吸，你并非你的身体和身体的感觉，你并非你的情绪或你的念头？多年以来，你身上的许多地方都发生了变化。你变老了。你的外貌改变了。你的念头和情绪都在不断改变。但是观察者的自我一直都在那儿，从未改变。看看你是否可以感觉到这深层次的"你"。把自己想象成天空，想象自己用永恒不变的视角去观察和容纳你的意识领域中不断变化的天气。

现在请注意今天出现的所有体验——特别是关于你"最糟的自我"的令人讨厌的念头和感觉。在你注意这些体验的时候，请意识到自己此时此地正在观察的一切。看看你现在能否给观察者腾出一些空间。你正是你应该成为的样子。没有任何事情需要改变。没有任何事情需要修补。

这一想象练习能让你与你所想、所感、所做的一切事情的关系发生改变。它有助于你从一个安全的和清楚的位置——你的核心自我——来观察念头和感觉。尽管你无法阻止图式念头和情绪，你仍然可以用一种超然和客观的眼光去观察这些内在体验。

回首往事，你对待图式念头和情绪的方式也许看起来荒谬透顶，但是永恒不变的观察者的自我可不这么看。在他眼中，那段时光与诸多个日日夜夜并没有什么不同，你在当时所采取的应对痛苦的方式，已经是你的最佳策略。

■示例

我选择的场景是我女儿想要去参加午夜派对的时候。她决心已定，但是派对的时间已经远远超过了她归家的时刻。她对我非常无礼——请允许我这样说——这触发了我的图式。我内心的反应是：如果你不尊重我，那么我什么也不是，毫无价值。这种感觉太难受了，我试图用愤怒来淹没它。我朝她吼叫，对她说了最难听和难以原谅的话。直到现在，那些话我都羞于启齿。

但是这个观察自我的冥想练习改变了我对那次记忆的看法。我一直都觉得我就是那段记忆中糟糕的父亲。相反，我并不是这样的。我其实是那个观察着的人：观察我的整个人生，观察我做过的那些情意绵绵和甜蜜美好的事情；观察我体验到的痛苦；观察我体验到的欢乐（我铭记着她诞生的时刻）；也观察着我非常后悔的事——凡此种种，不一而足。我感受到那个可怕的时刻——我最糟糕的时刻——与她为午夜派对而恶语相向的时刻。要是当时我没有说那些话就好了。不过，我现在能够观察它了，正如我观察我的整个人生那样。

当你的图式情绪被触发时，请"面对"它

我们现在将接纳和解离练习从回忆的场景中转换到现实生活里。当你的图式情绪被突然触发时，我们鼓励你运用"面对"（FACE）这个策略来回应。"面对"（FACE）这个词英文的四个字母分别是如下单词或短语的缩略词：

1. 感觉（Feel）。

2. 接纳（Accept)。

3. 给念头命名 (Call thoughts a name)。

4. 表达意图 (Express intention)。

尽管你已经做过此类练习，但是请你在自己的图式情绪真正被触发时再做它们。第一步是敞开自我，面对情绪。逃避情绪这种做法已经损害了你的人际关系。而最佳的解决之道就是观察情绪，并找到合适的词汇来描述它。

第二步，接纳你的体验。令人讨厌的情绪在你的生活中出现了，并且会自然而然地发展。它就像将在你的天空中出现的天气那样，存在一段时间。请尊重感觉本来的面目，并为它腾出存在的空间。

第三步，当念头冒出时，请给它命名。比如说，"我现在

有评判性的念头……我现在有忧虑的念头……我现在有失败的念头……我现在有"寻根究底"的念头（试图解释为什么会发生这样的事）"。请你为念头制定你自己的标签。如果你觉得更合适，可以将标签简化（例如，"忧虑念头""糟糕念头"）。

最后一步，就是表达你的意图。根据你的价值观，你会承诺对这段人际关系付诸什么样的行动？如果你能成为你想成为的人，你现在会做什么？那就付诸行动吧。

注意"面对"给你提供一个机会，使你得以接触图式情绪，并且当图式念头冒出时与图式念头解离。我们知道这并不容易，因为你的图式情绪会被某些场合触发，而导致你再次陷入图式应对行为的模式。设立提示，有助于你提高采用"面对"策略的概率。把写有"面对"的标签置于你浴室的镜子上、你的钱包里、床头柜上或你办公桌的抽屉里。让这些提示帮助你记住，你对"面对"的承诺。

我们也建议你用三到五张索引卡制作如下所示的"面对"卡片：

F：

A：

C：

E：

每当你的情绪图式被触发时，请你按照如下方式填写"面对"卡片：

F：（命名情绪）

A：（你接纳这种情绪吗？是／否）

C：（给冒出的念头命名）

E：（给你在这段关系里的意图命名，你按意图行事了吗？是／否）

你的"面对"卡片能够记录你的体验以及处理图式触发因子时所取得的进展。而最重要的或许是，记录"面对"策略将有助于你意识到你可以进行选择的时刻——要么重回图式应对行为模式，要么根据你人际关系中的价值观行事。

■示例

我决定开始在我所属的政治行动小组中运用"面对"策略应对出现的场景。我发现小组里的人经常伤害我。在我的图式又一次被触发时，我真的采用"面对"策略了。我观察情绪（受伤、卑微）和念头（评判，"寻根究底"的念头）。然后，我没有退缩，而是遵照自己的意图行事，复述他或她说过的话来澄清他人的动机。我对自己的表现颇为满意，然后很快就忘记去运用"面对"策略。我的图式被多次触发——并且有一次闹到我从会议上拂袖而去，并考虑退出政治行动小组的地步。

过了三周，我打算去看望我爸爸，于是我又想到了"面对"这个策略。这个男人快把我逼疯了——他固执己见，好为人师，吹毛求疵。这次我决定采用"面对"卡片来应对。我填写的第一张卡片如下：

政治行动小组

F：受伤、卑微、愤怒。

A：是——我体验着它，单纯地观察而不采取行动。

C：评判的念头——很多。

E：是——决定变得更加坦诚；告诉他我很受伤。

我在看望爸爸的两天内填写了四张"面对"卡片，我发现这些卡片有助于我实现了自己的意图。我还发现，当我告诉父亲我很受伤时，他作出了妥协，变得更加和蔼可亲，这让我感到惊讶。

我们确信你会发现，接纳图式驱动情绪不是一件容易的事。但是，只要你坚持练习和承诺，你就能水到渠成。通过采用"面对"这个过程，你将学会如何观察痛苦的情绪和念头，而不是听任它们摆布。而你从中获得的奖赏便是，坚强和稳固的人际关系——你能寄予厚望的人与人之间的联系。

第 14 章

非暴力沟通

冲突是触发图式痛苦的主要因子，而它会经常导致具有攻击性或敌意的图式应对行为。你需要学会非暴力沟通技巧，这是保护你的人际关系免遭图式驱动的愤怒所伤害的一个方法。你仍然可以说你需要说的话，但不要因言语侵犯而给他人带来伤害。

非暴力沟通有以下特征（Rosenberg，2003）：

●非攻击，非指责。

●非威胁。

●用偏好和需求而不是要求来表达自己的诉求。

●为他人的情绪、偏好和需求留有空间。

在发生冲突时，设定限制和坚定请求（assertive request）这两种非暴力沟通能起到一定作用。设定限制是指表达需要停止做某些事。实质上，就是说不。坚定请求是一种无攻击性地表达个人需求的方式。

设定限制

非暴力设定限制有两个步骤：（1）确认他人的偏好或渴求；（2）表达明确的、具体的限制。例如："我知道你非常喜欢优质牛排大餐（确认），但是对我来说，今晚下馆子会难以消化（设定限制）。"

请注意，他人不会因为他或她的偏好而受到责备（"你的动脉血管阻塞了一周，难道这还不够吗？"）。明确、果断地表达这一限制，不留争辩的空间。

又如，"我知道你很累，很沮丧（确认），但是我必须要求我们以礼相待（设定限制）。"

说话的人理解对方所处的困境，但明确地和不带指责地传达了他或她希望自己如何被对待的信息。

还有最后一个例子："我理解你玩得多么愉快，多么想留下来继续聚会（确认），但是我明天得早起，所以我必须上床睡觉（坚定请求）。"

设定限制不仅让他人得到了他们所想要的东西，而且无人能够否定以这样的方式表达的需求。毕竟，谁会争辩说你不需要睡眠或你应该喜欢被人吼呢？如果你不饿，谁会建议你去吃一顿大餐呢？

练习 14.1　设定你自己的限制

针对以下三种场景，写出你自己设定限制的脚本：

1. 你十岁的女儿晚上要花三到四个小时做家庭作业。她一直感到巨大的压力，你曾看到她因此而哭。在一次家长会上，

她的老师强调，为了成功，训练是很重要的。你决定对老师的
要求设定限制。你会说什么？

确认：＿＿＿＿＿＿＿＿＿＿＿＿＿＿＿＿＿＿＿＿＿＿

＿＿＿＿＿＿＿＿＿＿＿＿＿＿＿＿＿＿＿＿＿＿＿＿＿

明确限制：＿＿＿＿＿＿＿＿＿＿＿＿＿＿＿＿＿＿＿

＿＿＿＿＿＿＿＿＿＿＿＿＿＿＿＿＿＿＿＿＿＿＿＿＿

示例回答："我理解您是在教导自律和刻苦学习的价值。
但是，我更希望我的女儿每晚做作业的时间不超过两个小时，
这样她就能有时间去玩耍。"

2. 你的伴侣想要邀请某个你讨厌的人来你们家过周末。这
个人是你伴侣的好朋友，但是你不想让这个人来你家。你会说
什么？

确认：＿＿＿＿＿＿＿＿＿＿＿＿＿＿＿＿＿＿＿＿＿＿

＿＿＿＿＿＿＿＿＿＿＿＿＿＿＿＿＿＿＿＿＿＿＿＿＿

明确限制：＿＿＿＿＿＿＿＿＿＿＿＿＿＿＿＿＿＿＿

＿＿＿＿＿＿＿＿＿＿＿＿＿＿＿＿＿＿＿＿＿＿＿＿＿

示例回答："我知道你们在一起相处甚欢，你们可以借此
时机聚一聚。但说实话，如果他来我们家，这会让我的周末过
得很难受。"

3. 你在超市里小于十五件商品的结账通道里排队。你前面

某个人的推车里的商品装得爆满，大大超出了限额。

确认：_____

_____

明确限制：_____

_____

示例回答："我相信您在赶时间，想要马上结账离开。但是这里是小于十五件商品的结账通道，如果您能够到推车满载的结账通道那儿去排队，我会深表感谢。"

坚定请求

做出坚定请求有四个步骤：（1）不带指责地描述问题；（2）描述你的感觉；（3）以价值观的形式表达你的需求；（4）请求具体的行为改变。

当描述问题的时候，请紧贴事实。客观而准确地描述发生了什么事或没有发生什么事。避免对他人的行为进行评判或表达意见。

试着不要用"你……"开头的句式："你总是迟到""你从不考虑我的需求""你太苛刻了"。相反，应该依照事实，准确地描述事件："我弄伤我的手的时候，你说我不够小心。"

表达这个问题对你情绪上的影响："我感到悲伤""我感到孤单""我感到受伤""我感到无助、沮丧"。避免用你的情绪来指责他人："你让我很伤心。"也要确保你没有将意见伪装成情绪来予以表达："我感觉你不关心我。"短语"我感觉"通常都显露了你是在表达意见而不是情绪。

用人际关系的价值观来描述你的需求。例如，"我需要联结、诚实、公平、尊重，关爱"等。坚定请求的最后一步，往往是要求对方作出具体的改变行为。别要求他人改变他或她的态度或情绪——因为这是不可能的。相反，你要准确描述你希望这个人作出怎样不同的行为。

练习 14.2　提出请求

针对以下每个场景，写出坚定请求的四个组成部分。实际上，你是在创作脚本。这是每当你需要认真谋划一个请求时可以做的事（特别是在你或对方曾经发火的场景中）。

1. 你一直负责主办百乐餐（potluck）家庭聚会。你的姐姐找借口不带任何食物来聚会。她声称家里停电了，没法烹饪。你非常愤怒，但是更让你感到受伤的是，她没有为家庭聚会作出任何努力。你希望她能出于尊重，带一些食物过来——即便她无法备置她答应带过来的食物。

问题： _____

_____

你的感觉： _____

_____

你的需求： _____

_____

你的请求： _____

_____

示例回答："前几次聚会，你都没能为百乐餐带来任何东西。说老实话，我感觉有点受伤，因为你没有想办法带些东西过来。我需要感觉到在我们这段关系里，我们是互相尊重的。即使你起初打算带过来的食物没有做好，你能带点其他的食物过来，为这个聚会作点贡献吗？"

2. 你的老板分配了错开午餐的时间，而你总是最后一个吃午餐，用餐时间是下午一点到两点钟。你因为这个午餐时间的安排而感到沮丧和不受重视，并且经常感到饥肠辘辘。为了公平起见，你希望能轮流分配午餐时间。

问题： _____

_____

你的感觉： _____

你的需求： _____

你的请求： _____

示例回答："目前，我都是最后一个吃午餐。我感到很沮丧，因为轮到我吃饭的时候，我已经饿得快不行了。我希望能有更公平的制度；我们的午餐时间可以轮流分配吗？"

注意：在工作场合表达你觉得自己不受重视的感觉——即使这是真的——也会是一个过于露骨的举措。

3. 过去几周，你的伴侣看起来冷漠淡薄和落落寡欢。但是每当你询问的时候，你的伴侣不是否认问题的存在，就是拒绝谈论这个话题。这种冷漠淡薄让你感到受伤和孤单。在这段关系里，诚实和亲密对你来说委实很重要，你需要你的伴侣敞开心扉，告诉你发生了什么事情。

问题： _____

你的感觉： _____

你的需求：_____

_____

你的请求：_____

_____

示例回答："最近你变了：你看起来悲伤和冷淡，但是你不肯告诉我发生了什么事。我现在感到很孤单和受伤，因为你似乎对我敬而远之。我们的关系里需要诚实和亲密，这能让我们的关系变得很美好。我想知道，到底发生了什么事？"

■示例

我是朱丽叶，三十八岁，是一名老师。我打算和我就职的高中的其他老师一起休养一阵子。他们都是些"匿名诽谤者"，经常说些刻薄的言语——我不想听这些话语；我也不鼓励他们说这些话。说实话，我特别害怕加入这个队伍。

休养的另一个由头就是，我们本来打算提出一些改善教学政策的建议。我确实有几个建议，但是有两个教科学的自大的老师总是压制我所提出的建议。然后我就生气了，他们剥夺了我提出建议的机会，使我颜面扫地。我为他人恶语中伤的行为和自己被人忽视而感到特别烦心，整天坐在那儿，愠怒不已。

所以我做了非暴力沟通练习，并决定把它运用到这次的休养活动上。首先，我想要给诽谤设定限制，所以我打算这么说：

"我知道学校发生了很多烦心事（确认），但是我不想去抱怨教职工的所作所为或是批评他们（请求）。"

然后我写下了几项关于改变教学政策的请求的脚本。以下是其中一项请求的脚本：

"现在，课间休息只有三分钟的时间。孩子们没有足够的时间到他们的储物柜取东西，然后上下一堂课。他们不断迟到，使每节课的前几分钟断断续续（问题）。他们每次迟到，我都感到沮丧和焦躁，因为我们浪费了时间（感觉）。我需要我所讲授的课都有助于学习，而每次开始上课时都乱成一团糟（需要）。大家是否同意把课间时间延长到五分钟呢？（请求）"

我必须对这些脚本进行润色，删掉指责的部分。学校的事让我太生气了，脚本里时常显露我对学校的评判。但是，当我删掉了有攻击性的内容时，让我惊讶的是有几个人同意了我们应该停止互相指责，而我的某个关于教学政策的建议也得到了采纳。

我正努力在我的图式被触发的日常场景中运用非暴力沟通技巧。不带指责或不带评判地谈论某件事是我正努力作出的重要转变。

第 15 章

日常生活中的解离、
接纳和价值观

　　本章将着重阐述如何把你从本书中学到的所有技巧整合起来，并融入你的日常生活中。练习 15.1 首先将举例说明，你的图式念头和情绪能以什么样的方式来阻碍基于价值观的具体行为。练习的第二部分将帮助你练习如何去接纳你的图式痛苦，并且增强接纳它的意愿，使它不再阻碍你作出基于价值观的行为。同时融合解离和接纳技巧，帮助你在日常生活中实现你的价值观。为了做出对我们的人际关系来说真正重要的事情，我们每走一步都必然会带来我们的图式痛苦，因此，为了让痛苦不再妨碍我们作出合乎价值观的行为，我们应当增强意愿，接纳我们的痛苦，这尤其重要。

　　练习 15.2 将帮助你制订一份特定关系中的重要人物行动计划。制订这个计划的目的在于，让你识别你与不同的人相处时被触发的图式，让你去练习识别那些可以作出不同选择的时刻，让你去识别另外的行为，让你去区分以往的行为与基于价值观的行为。在你尝试作出新的行为时，问问你自己，你作出行动的目的是成为你想成为的人，还是回避图式痛苦。重要人物计划将帮助你在日常生活中去识别和练习新的行为，并评估你选择的新行为所产生的结果。

练习 15.1　不利的一面

你需要认识到，回避图式念头和图式情绪是如何影响你的价值观和行为的。这项练习将帮助你识别为了回避图式痛苦而必须付出的某些代价，并且将鼓励你增强继续体验图式痛苦这种意愿（Eifert and Forsyth，2005）。

首先，拿出一张纸，想象一种显著影响你的人际关系的图式。想象与这种图式相关的念头和情绪；你认为自己在人际关系里是什么样的？有时你会把自我和关于自己的悲惨或糟糕的想法混为一谈，那些想法是什么？在纸上写下这些念头。例如，如果你有一个缺陷／羞耻的图式，你也许会写下"没有人会理解我""如果有人真正了解我，他们就会离我而去""我永远不会把自己的惶恐不安告诉他人"或"我太恶心了，不值得人去爱"。

在此类念头下面写下与此图式有关的情绪，例如"羞耻、焦虑、恐惧、绝望"等。

现在，当你读到这些想法和情绪的时候，问问自己，这些想法和情绪有没有阻止你去做某些对你来说很重要的事？现在把这张纸翻过来，在纸的另一面写下这些念头阻止过你做的那些事。例如，你也许会写下这些念头阻止过你向伴侣倾诉工作上的焦虑，向朋友倾诉你的脆弱，或许阻止你向朋友表露你的愤恨或对某个家庭成员坦诚以待。问问你自己，你阻止自己做的这些重要的事是否与你的某种价值观相关。也许你的价值观是诚实、坦率、脆弱、富于表情、过度自信等。哪一种价值观与你应做的重要行为相关？在此类行为下面写下所有的价值观。

■示例

嗨，我是马克。以下是我的纸张正面所写的内容：

"我太令人厌恶了，不值得被人爱。焦虑、恐惧、绝望、羞耻。"

纸张的反面是这样写的：

"当我因特蕾西做的某些事而感到受伤时，我不会告诉她。这与我的要对她坦诚相待这种价值观有关。"

现在，请你把纸张翻过来，检查你所有的图式念头和情绪。把这张纸拿起来，使它尽可能贴近你的脸庞，不过你仍然可以阅读它。看看它；在你读到纸上的话语时，你的脑海里浮现了什么？是否马上就产生了你在纸上写的某种情绪？是否产生了什么冲动？你是否有一种想要把目光移向别处的冲动，或是把这张纸拿到离你远远的地方的冲动？这些念头和情绪产生时，你通常是如何处理的?

你是好奇而坦率地看着它们,还是试图推开它们呢?如果你有转移目光或推开这张纸的冲动,请试着遵照自己的冲动,移开目光,躲避这张纸,甚至把它丢到离你远远的地方。你是否成功地让这些念头和情绪永远离开你?你是否曾成功地把此类念头永远从脑海中清除呢?

当你把这些念头和情绪推开时,请注意你是否还远离了其他什么东西。纸张的背面写了什么?此类念头和情绪离你越远,你的价值观和你基于价值观的行为就会离你越远。你的图式痛苦以及伴随其产生的念头和情绪离你越近,你的价值观就离你越近。假如容纳这些与你的图式相关的念头和情绪,并且继续体验它们,你就更可能成为你想要成为的人。你愿意这样做吗?

反面冥想

如果你愿意继续这种体验,现在就让我们看看你在纸上所写的某些念头。你写的每个句子里有多少个词?每一个句子里有多少个字?你所用的墨水是什么颜色?试着把这些句子倒着读。你愿意容纳这些念头,仅仅观察和体验它们,但不接纳它们吗?把它们拿近一些,用手轻轻握住。它们仅仅是纸上的文字，而不是事实；它们也不是能妨碍你遵照价值观行事的实实在在的障碍物。它们不会阻碍你成为在这个世界上想成为的人，不会妨碍你做生活中想做的事。如果它们能够让你更可能成为你想成为的人，你会乐见此类念头更频繁地冒出吗？你觉得你能在没有产生这些念头和情绪的情况下采取措施，作出纸张背面所写的行为吗？如果你的回答是否定的，那么请你接触你的体验，更加贴近此类情绪，从而使此类念头和情绪无法妨碍你去做生活中很重要的事。

反面想象

如果你愿意贴近你的图式痛苦，并且想知道它到底会带给你什么样的感觉，请先闭上你的双眼。

请专心观察你的呼吸，想想你的痛苦阻止过的行为以及与此行为相关的价值观。想象你在做你写在纸上的基于价值观的行为。想象那个场景。注意在你想象自己正在如此行事的时候，你的图式痛苦是如何增强的，并请你继续体验这种痛苦。当你想象你正采取措施遵照你的价值观行事时，你是否立刻产生了你在纸上所写的情绪？你是必须与此类情绪对抗，抑或是能够拥有、体验并容忍它们呢？你越是愿意接纳你的图式痛苦，此类痛苦就越是不会阻碍你去遵照价值观行事。如果你越是接近并体验这种痛苦，你便越能采取措施实现你的价值观，并且成为你想要成为的人，那么你愿意这样做吗？

请留意这种痛苦的情绪位于你身体的哪个部位。它所呈现的形状是什么？当下，这种情绪在你的身体里是什么样的感觉？它是什么颜色？它有多大？你身体感觉这种情绪有多重？这种情绪本周和本月各出现了多少次？你能记起一个你最初体验到身体里冒出这种情绪的时刻吗？这种体验已经在你身上存在很久，而你花了大量力气与之抗争，你是否对这种体验感到很好奇？你愿意全身心地去体验当下的这种图式痛苦吗？

你愿意在本周接纳这种体验，并采取措施来遵照你的价值观行事吗？如果你的回答是肯定的，那么请你选择在某个特定的日子里执行这一意图；请携带这张纸，在你采取措施的当下，看一眼，提醒你自己，你愿意带着这样的体验去实现你基于价值观的意图。

练习 15.2　制订行动计划

既然你已经产生采取措施实现你的价值观并接纳图式痛苦的意愿，那么接下来请你明确具体的备选回应方式，以便用它们来代替以往的图式应对行为。接下来的部分将着重于识别你对生活中特定的人作出的关键性回应方式。首先，你将识别当你的图式被触发时，你会采用的图式应对行为，然后，你将识别基于你的价值观的备选回应方式。

最后，一旦你承诺要尝试你的备选方案——基于价值观的行为，你便需要继续留意它会给你的人际关系带来什么结果，以及它是如何影响他人的。你不仅要承诺去尝试新的行为，而且要注意这种行为产生的短期的和长期的结果。对方作出了什么反应？你在作出新的行为时，对方脸上是什么表情？对方作出了什么回应？这种行为让你的人际关系变得更加亲密抑或是变得更加疏远？它是否使你更可能成为你在这段关系中想成为的那类人？从长远看，这种新的行为是否有益于你的人际关系？如果有益，那么它是通过什么方式来实现的？你能否以某种方式来改进你的行为，以便使你今后作出的行为更有成效？

向自己提出此类问题，将有助于你区分一个行为是基于价值观的新行为，还是以往的图式应对行为的另一种表现。（例子：当你对情感剥夺图式作出反应时，你有时索求更多，而有时则是屈服和顺应。这两种策略都是在逃避与情绪剥夺图式相关的念头及情绪。）在你尝试了你在行动计划里识别的新行为后，回顾以上问题，并对你的行为进行评估，看看它是基于你的价值观的新行为，还是旨在逃避痛苦的以往的图式应对行为。

重要人物行动计划

对方的姓名：＿＿＿＿＿＿＿＿＿＿＿＿＿＿＿

1. 在这段关系中，你经常会被触发的图式是什么？

＿＿＿＿＿＿＿＿＿＿＿＿＿＿＿＿＿＿＿＿＿

＿＿＿＿＿＿＿＿＿＿＿＿＿＿＿＿＿＿＿＿＿

＿＿＿＿＿＿＿＿＿＿＿＿＿＿＿＿＿＿＿＿＿

2. 在这段关系中，是什么场景触发了这种图式？（例子：
"做决定""坚持己见""我感到被批评的时刻""当这个人
表达消极情绪或受伤的感觉时""联系不到这个人时"。）

＿＿＿＿＿＿＿＿＿＿＿＿＿＿＿＿＿＿＿＿＿

＿＿＿＿＿＿＿＿＿＿＿＿＿＿＿＿＿＿＿＿＿

＿＿＿＿＿＿＿＿＿＿＿＿＿＿＿＿＿＿＿＿＿

3. 在这段关系中，当图式被触发时，产生的具体念头是什
么？这些念头也许会包括关于未来的预测性描述、对结果感到
害怕的预期、行为准则、关于自己或他人的消极描述。例如，"如
果我表达自己的受伤感，这个人就会离开我、疏远我，甚至报
复我""我有毛病""我必须坚持己见""我无法信任这个人""我
太令人心烦了""我倾诉太多，会吓跑对方""如果我说不，

这个人会因此而感到受伤和失望"。

_____

_____

_____

4.在这段关系中，当图式被触发时，产生的感觉是什么？
（例如，"心怦怦地跳、喉头哽住、胸口沉闷、感觉窒息、胃
部紧张"。）

_____

_____

_____

5.在这段关系中，当图式被触发时，产生的情绪是什么？
（例如，"绝望、恐惧、羞耻、自责、愤怒、被剥夺感、愧疚、
无能为力。"）

_____

_____

_____

6.在这段关系中，你采用了什么图式应对行为？（在这段
关系中，当图式被触发时，你通常会做什么？例如，"逃跑、吼叫、
解释、责备、控诉、为自己辩解、要求、批评、征服、放弃、
屈服、顺应"。）

_____

_____

_____

7.在这段关系中，你具体的价值观是什么？在这段关系中，无论结果如何，你想要成为什么样的人？（例如，"我想要变得武断、诚实、有协作精神、耐心、认可、自给自足、宽恕、慈悲、感恩。"）

_____

_____

_____

8.这些价值观对你来说有多重要？（用 1 到 10 的量表来表示） _____

9.根据你的价值观，你可以做出的备选行为是什么？

_____

_____

_____

10. 你会在什么时刻将你的新行为模式付诸实践？为了识别你可以选择作出不同行为的时刻，请你回忆你在人际关系中运用图式应对行为并感到后悔的某个时刻。留意当时的场景；你的图式被触发的准确时刻是什么？对方说了什么话或做了什么事？在你注意自己的反应时，努力想想在你的图式被触发的那一刻，最先出现的是什么——是念头、情绪、感觉吗？抑或是冲动？随后出现的是什么？请把它们都写下来。你在那一刻能做什么来提醒自己，这种特定的念头、情绪、感觉或冲动与你的图式相关，如果你听凭它的摆布而行事，它会使你与你的价值观背道而驰？你在那一刻能做什么来提醒自己，听任这种特定的念头、冲动、情绪或感觉的摆布而行事的后果？请识别你在当时的场景中选择作出不同行为从而未使局面雪上加霜的具体时刻。（例如，"当我开始感到窒息时，我会提醒自己这是选择作出不同行为的时刻，这是我的自我牺牲／征服的图式被触发的信号""当我有逃跑的冲动时，它与我害怕被人抛弃的感觉相关，这时是我选择作出不同行为的时刻""当我感到愧疚时，这是我变得专注并特别想弄清楚如何能作出不同行为的机会"。）

_____

_____

_____

■示例

我叫马列娜。以下是我填写的重要人物行动计划，用来处理我与男友亚当之间的关系。

重要人物行动计划

对方的名字：<u>亚当</u>

1. 在这段关系中，你经常会被触发的一种图式是什么？

情感剥夺

2. 在这段关系中，是什么场景触发了这种图式？

当亚当很忙时，当我的某个请求被他拒绝时，当我感到自己被误解时，当亚当不按计划来行事时，我的"情感剥夺"图式就会被触发。

3. 在这段关系中，当图式被触发时，产生的具体念头是什么？

他永远不会理解我；在这段关系中，我总是感到孤独；他很自私；我需要从这段关系中抽身；这不公平；我不应该让他这样对我；在这段关系中，我的需求将永远得不到满足。

4. 在这段关系中，当图式被触发时，产生的感受是什么？

喉咙紧缩、心怦怦地跳、感觉气短、胃部刺疼。

5. 在这段关系中，当图式被触发时，产生的情绪是什么？

孤独、绝望、羞耻、恐惧。

6. 在这段关系中，你采用了什么图式应对行为？

我要求他听我说话，试图让他理解我。我下了最后通牒。

我进行自我辩解，向他解释我的感受。我指责他，控诉他虐待我。

7. 在这段关系中，你具体的价值观是什么？在这段关系中，无论结果如何，你想要成为什么样的人？

感恩戴德的人、从善如流的人、温顺随和的人。

8. 这些价值观对你来说有多重要？（用 1 到 10 的量表来表示）　9

9. 根据你的价值观，你可以作出什么备选行为？

表达我的感受和需求，而不是批评和指责。让他知道当我感到受伤时，我想亲近他。表达我对他的感激之情。

10. 你会在什么时刻将你的新行为模式付诸实践？为了识别你选择作出不同行为的时刻，请回忆你在人际关系中采用图式应对行为并感到后悔的某个时刻。留意当时的场景；你的图式被触发的准确时刻是什么时候？对方说了什么话或做了什么事？在你注意自己的反应时，努力想想在你的图式被触发的那一刻，最先出现的是什么——念头、情绪、感觉？抑或是冲动？随后出现了什么？请你把它们写下来。你在那一刻能做什么来提醒自己，这种特定的念头、情绪、感觉或冲动与你的图式相关，如果你听任它的摆布行事，它会使你与你的价值观背道而驰？你在那一刻能做什么来提醒自己遵照这些

特定的念头、冲动、情绪或感觉行事的后果？请识别你
在当时的场景中选择作出不同行为从而未使局面雪上
加霜的具体时刻。

当我感到孤独袭来，或是感到胃部有刺痛的感觉时，这是
我能选择作出不同行为的时刻。当我认为他永远不会理解我，
而这种念头与我的情感剥夺图式相关，这时，我能选择做出不
同的行为。

尽管你已经做完这本书的所有练习，但是对你来说，任重
而道远，这只是万里长征的第一步。因为学习此类技巧的最关
键的环节是在日常生活中运用它们。改变你的人际关系以及你
与他人的相处之道，这需要你坚持在日常生活中运用此类技巧，
并留意你采取行动的每个当下，把握契机，使你成为自己想成
为的那个人，并建立你渴望拥有的人际关系，而不是背道而驰。
现在，你的任务是练习，并注意你的图式被触发的时刻，注意
与图式相关的预测和故事，以及想要遵照图式行事的冲动；时
刻留意你的图式痛苦，并对其怀有怜悯之心，记住你仍然可以
选择遵照自己的价值观行事。你已经学会了大量的新技巧，你
在日常生活中运用得越多，练习得越勤勉，你就能越卓有成效
地处理人际关系，而你的人际关系就会越令你满意。

　　对所有人来说，绝大多数痛苦都源自人际关系。人际关系充满危险，也会让人惊慌失措；每一个人都害怕遭人拒绝或被人抛弃。每一个人都渴望与他人建立联结和拥有归属感，因此，人际关系会不可避免地给我们带来最深刻的痛楚、恐惧、不安，但是，它们也给我们的生活带来最多的喜乐、意义和满足。我们是想继续与这种不可避免的痛苦抗争，还是带着这样的痛苦前行呢？为了建立令人满意的人际关系，我们必须增强意愿去应对痛苦，而这种应对方式不会破坏或伤害我们的人际关系。本质上，这意味我们要在图式被触发时去留意产生的痛苦念头和情绪，并依然采取措施去做对我们来说重要的事。

附录：致治疗师

　　这本书是在艾维加尔·里维 (2001) 所做的研究的基础上完成的。为期十周的接纳承诺疗法随机对照实验显示，人际关系问题量表（IIP-64）上的有问题的人际关系行为显著减少（Cohen's D = 1.23）。在寻求治疗的人中，人际关系问题普遍存在，而大多数带有抑郁、焦虑、创伤、轴 II 症状的当事人都报告有一个或多个重大的人际关系问题。然而，尽管此类问题造成了很多痛苦，但是很少有心理治疗体系能直接将矛头对准那些带来痛苦的人际关系的行为，而关于有效改善紊乱的人际关系功能的疗法的研究也莫衷一是。不管是针对不良的应对行为，或者是处理导致人际关系问题的根本（跨诊断）原因，还是提供特定的忍受人际关系困扰的技巧，治疗都以失败而告终。用来有效测量人际关系行为的量表目前也寥寥无几。因此，尽管现在有很多人际关系问题的疗法，但是，关于此类疗法在改变当事人在人际关系中的行为，以及它们如何影响当事人的人际关系反应，这两方面的疗效证据，都是喜忧参半。这本书为长期形成的人际关系问题提供了一种新的疗法，而这种疗法既会探究那些导致不良的人际关系行为的根本因素，又能获得实证研究的支持。

鹿鸣心理（心理自助系列）书单

书　名	书　号	出版日期	定价
《聆听心声——成功女性的选择》	ISBN: 9787562444299	2008 年 4 月	16 元
《艺术地生活》	ISBN: 9787562443025	2008 年 5 月	35 元
《思维方程式》	ISBN: 9787562446750	2008 年 12 月	18 元
《卓越人生的 8 个因素》	ISBN: 9787562447733	2009 年 3 月	36 元
《家有顽童——孩子有了多动症怎么办》	ISBN: 9787562448266	2009 年 5 月	18.5 元
《疯狂》	ISBN: 9787562448600	2009 年 8 月	29.8 元
《找到自己的北极星》	ISBN: 9787562452355	2010 年 1 月	39 元
《思想与情感》	ISBN: 9787562452744	2010 年 5 月	32 元
《不羁的灵魂：超越自我的旅程》	ISBN: 9787562453628	2010 年 5 月	25 元
《创伤后应激障碍自助手册》	ISBN: 9787562459460	2010 年 5 月	38 元
《生命逝如斯 揭开自杀的谜题》	ISBN: 9787562459477	2011 年 7 月	25 元
《良知泯灭：心理变态者的混沌世界》	ISBN: 9787562462941	2011 年 12 月	25 元
《我的躁郁人生》	ISBN: 9787562467427	2012 年 6 月	29.8 元
《大脑使用手册》	ISBN: 9787562467199	2012 年 7 月	45 元
《自我训I练：改变焦虑和抑郁的习惯》	ISBN: 9787562470151	2012 年 10 月	36 元
《改变自己：心理健康自我训练》	ISBN: 9787562470144	2012 年 10 月	32 元
《梦境释义》	ISBN: 9787562472339	2013 年 3 月	39 元
《暴食症康复指南》	ISBN: 9787562473008	2013 年 5 月	45 元
《厌食症康复指南》	ISBN: 9787562473886	2013 年 7 月	39 元
《抑郁症：写给患者及家人的指导书》	ISBN: 9787562473220	2013 年 7 月	20 元
《双相情感障碍：你和你家人需要知道的》	ISBN: 9787562476535	2013 年 9 月	56 元
《羞涩与社交焦虑》	ISBN: 9787562476504	2013 年 9 月	38 元
《洗脑心理学》	ISBN: 9787562472223	2013 年 10 月	46 元
《学会接受你自己：全新的接受与实现疗法》	ISBN: 9787562476443	2013 年 12 月	45 元
《辩证行为疗法：掌握正念、改善人际效能、调节情绪和承受痛苦的技巧》	ISBN: 9787562476429	2013 年 12 月	38 元
《关灯就睡觉：这样治疗失眠更有效》	ISBN: 9787562482741	2014 年 8 月	32 元
《心理医生为什么没有告诉我》	ISBN: 9787562476450	2014 年 9 月	76 元
《强迫症：你和你家人需要知道的》	ISBN: 9787562476528	2014 年 9 月	56 元
《远离焦虑》	ISBN: 9787562476511	2015 年 1 月	52 元
《神奇的 NLP：改变人生的非凡体验》	ISBN: 9787562490302	2015 年 6 月	39 元
《自闭症谱系障碍：针对性干预方案设计和社交技能训练》	ISBN: 9787562490289	2015 年 6 月	52 元
《登天之梯——一个儿童心理咨询师的诊疗笔迹》	ISBN: 9787562491316	2015 年 7 月	46 元
《抑郁症的非药物疗法》	ISBN: 9787562490241	2016 年 4 月	59 元
《癌症可以战胜——提升机体抗癌能力的身心灵方法》	ISBN: 9787562495000	2016 年 5 月	49 元

请关注鹿鸣心理新浪微博：http://weibo.com/555wang，及时了解我们的出版动态，@鹿鸣心理。

图书在版编目（CIP）数据

人际关系心理学：学会相处之道 /（美）麦克凯
(Mckay,M.) 等著；陈幼堂，陈书瑶译. — 重庆：重庆
大学出版社，2016.7（2021.7重印）
（心理自助系列）
书名原文：the interpersonal problems workbook:
ACT to end painful relationship patterns
ISBN 978-7-5624-9600-7

Ⅰ.①人… Ⅱ.①麦… ②陈… ③陈… Ⅲ.①人际关
系学—社会心理学 Ⅳ.①C912.1

中国版本图书馆CIP数据核字(2016)第008135号

人际关系心理学：学会相处之道
Renji GuanXi XInIixue: Xuehui XIangchu zhi Dao

［美］马修·麦克凯（Matthew Mckay）
［美］帕特里克·范宁（Patrick Fanning）
［美］艾维加尔·里维（Avigail Levy）　　　著
［美］米歇尔·斯基恩（Michelle Skeen）

陈幼堂　陈书瑶　译

鹿鸣心理策划人：王　斌
责任编辑：温亚男
责任校对：关德强
责任印制：赵　晟

重庆大学出版社出版发行
出版人：饶帮华
社址：（401331）重庆市沙坪坝区大学城西路21号
网址：http://www.cqup.com.cn
重庆市国丰印务有限责任公司印刷

开本：710mm×1000mm　1/16　印张：13.5　字数：122千
2016年7月第1版　2021年7月第3次印刷
ISBN 978-7-5624-9600-7　定价：46.00元